集人文社科之思 刊专业学术之声

集 刊 名：**创新与创业教育研究**
主管单位：**吉林大学**
主办单位：**吉林大学创新创业教育学院**（国家级）

RESEARCH ON INNOVATION AND ENTREPRENEURSHIP EDUCATION

主　　编：张金山
副 主 编：杨婷婷
编　　辑：刘　满　徐广平　崔学良

学术委员会成员

陈　劲　　清华大学经济管理学院
顾　颖　　西北大学经济管理学院
陈言俊　　山东大学创新创业学院
于晓宇　　上海大学管理学院
李　政　　辽宁大学经济学院
梅　亮　　北京大学国家发展研究院
刘泽豪　　中国人民大学财政金融学院
尹西明　　北京理工大学管理与经济学院
姚毓春　　吉林大学经济学院
李雪灵　　吉林大学商学与管理学院
王文成　　吉林大学经济学院
费宇鹏　　吉林大学创新创业教育学院

编　　辑：《创新与创业教育研究》集刊编辑部
地　　址：吉林省长春市高新区前进大街2699号吉林大学鼎新楼A406室
投稿信箱：cxcy@jlu.edu.cn
电　　话：0431-85167970

2024年第1期 总第2期

集刊序列号：PIJ-2020-410
中国集刊网：www.jikan.com.cn
集刊投约稿平台：www.iedol.cn

创新与创业教育研究

2024年第1期

RESEARCH ON INNOVATION AND
ENTREPRENEURSHIP EDUCATION

张金山·主编

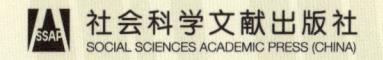

主编寄语

创新是一个民族进步的灵魂，是一个国家兴旺发达的不竭动力，也是中华民族最深沉的民族禀赋。在激烈的国际竞争中，唯创新者进，唯创新者强，唯创新者胜。创新驱动发展战略是实现高质量发展的重要策略，必须把创新摆在国家发展全局的核心位置，不断推进理论创新、制度创新、科技创新、文化创新等各方面创新，让创新贯穿党和国家一切工作，让创新在全社会蔚然成风。创新是引领发展的第一动力，人才是支撑发展的第一资源，因此创新人才的教育与培养要求我们在人才培养观念、培养视角及教育制度等方面进一步创新。抓创新就是抓发展，谋创新就是谋未来。

党的二十大报告提出："必须坚持科技是第一生产力、人才是第一资源、创新是第一动力，深入实施科教兴国战略、人才强国战略、创新驱动发展战略，开辟发展新领域新赛道，不断塑造发展新动能新优势。"这是党在新时期提出的新要求与新方向。大学生是大众创业、万众创新的主力军，因此推动大学生创新创业教育体系建设、开展相关教学改革探索尤为重要，既有助于保障大学生掌握扎实的创新创业理论知识，也有助于促进大学生具备投身创新创业实践的能力。

面临新需求、新阶段和新考验，教育部门统筹规划，鼓励大学生积极参与"挑战杯"中国大学生创业计划竞赛、"创青春"全国大学生创业大赛、中国国际"互联网+"大学生创新创业大赛等创新创业类竞赛，以及实施国家级大学生创新创业训练计划，促进高等学校转变教育思想观念，改革人才培养模式，强化创新创业能力训练，培养适应创新型国家建设需要的高水平创新人才；增强大学生的创新能力和在创新基础上的创业能力，促使大学生在创新创业中全面发展。广大教育工作者积极开展相关教学改革探索，坚持理论与实践双线并进，切实培养学生的创业意识、创新精神和创造能力，优化专业结构，提高教育质量，巩固落实立德树人根本任务。

  创新创业实践过程需要新理论、新方法的支撑，需要理论与实践的充分对话；同时，应当适应时代发展态势，逐步衍生出新模式、新方案。响应国家创新驱动发展战略的发展方向，依托大变局、大调整的时代背景，《创新与创业教育研究》集刊将聚焦创新创业领域前瞻性的研究与见解，传播有价值、有意义的理论与方法，对科学研究者的研究工作进行引导与帮助。

  《创新与创业教育研究》是创新与创业教育研究领域学者进行学术交流的载体和平台，期望能与各位同仁感知使命、砥砺前行，共造创新与创业教育领域科学研究的繁荣之态。

张金山

2022 年 10 月 23 日于吉林大学

目　　录

◎**特稿**◎

新文科建设背景下创新创业教育实践平台建设路径探索
…………………………………………… 张秀娥　吴志鹏　李伊婧 / 1

◎**双创教育**◎

基础教育阶段创业教育与创业企业成长
　　——基于 GEM 的实证分析 ………………… 张　坤　李　萍 / 15
"双一流"建设背景下研究生双创教育高质量发展路径
………………………………………………… 马丽娜　张　雪 / 29
创业教育会提升大学生创业质量吗？………… 徐雪娇　吴　优 / 48
高校思想政治教育与创新创业教育相互融合的实现路径
………………………………………………… 王春艳　马鸿泽 / 63
论"专创融合"下的法学专业内涵建设 …………………… 崔艳峰 / 74
大学生创新创业教育与专业教育的融合模式 …………… 周小萌 / 86

◎**双创实践**◎

建筑类高校创新创业"三位一体"模式下的探索与实践
　　——以吉林建筑大学橡枋团队为例 ……… 郭柏希　陈一鸣　万星辰 / 96

— 1 —

◎产教融合◎

传统制造业企业数字创业机会共创机理
　——以一汽红旗品牌为例 ·················· 张　敏　张　鑫／107
政府创新创业营商环境服务水平的评价研究
　·························· 徐　明　白春景　卞志刚／128

CONTENTS

◎Special Feature◎

Exploring the Path of Building Practice Platforms for Innovation and Entrepreneurship Education in the Context of the New Liberal Arts Construction

Zhang Xiue, Wu Zhipeng, Li Yijing / 1

◎Innovation and Entrepreneurship Education◎

Entrepreneurship Education at the Basic Education Level and the Venture Growth
—An Empirical Analysis Based on GEM

Zhang Kun, Li Ping / 15

Research on the High-quality Development Path of Postgraduate Innovation and Entrepreneurship Education under the Background of "Double First-class" Construction

Ma Lina, Zhang Xue / 29

Will Entrepreneurship Education Improve the Entrepreneurial Quality of College Students?

Xu Xuejiao, Wu You / 48

Realization Path of the Mutual Integration of Ideological and Political Education and Innovation and Entrepreneurship Education in Colleges and Universities

Wang Chunyan, Ma Hongze / 63

On the Connotation Construction of Law Specialty under the "Integration of

Professional Education and Innovation and Entrepreneurship Education"

Cui Yanfeng / 74

Research on the Integration Mode of College Students' Innovation

and Entrepreneurship Education and Professional Education

Zhou Xiaomeng / 86

◎ Innovation and Entrepreneurship Practice ◎

Exploration and Practice of the "Three in One" Mode of Innovation and

Entrepreneurship in Architecture Universities

——A Case Study of the Chuanfang Team at Jilin Jianzhu University

Guo Baixi, Chen Yiming, Wan Xingchen / 96

◎ Integration of Industry and Education ◎

Research on Co-creation Mechanism of Digital Entrepreneurship Opportunities

of Traditional Manufacturing Enterprises

——Take FAW Hongqi Brand as an Example

Zhang Min, Zhang Xin / 107

Research on the Evaluation of the Service Level of Government Innovation

and Entrepreneurship Business Environment

Xu Ming, Bai Chunjing, Bian Zhigang / 128

◎特稿◎

新文科建设背景下创新创业教育实践平台建设路径探索

张秀娥　吴志鹏　李伊婧

【摘　要】 新文科建设推动创新创业教育加速变革。作为创新创业教育的战略支撑点，创新创业教育实践平台已成为助力多方协同合作、推进多学科融合创新、培养学生实践应用能力和就业能力的关键。但当前创新创业教育实践平台建设仍存在难以满足学生创新创业实践需要、校政企融合不足以及资源保障匮乏等问题。基于此，高校应积极与政企开展合作，建设"前孵化+专业孵化"、数字化的创新创业教育实践平台，并完善创新创业教育实践平台建设及运营的资源保障机制，以推动创新创业教育发展、提升学生就业质量。

【关 键 词】 新文科　创新创业教育　教育实践平台　数字技术

一　引言

创新创业教育作为提高高校毕业生创业就业质量的重要保障，正面临全新的发展境遇。在"大众创业、万众创新"的新时代背景下，创新创业理念不

【基金项目】吉林省高等教育教学改革研究课题"新文科背景下高校创业教育改革与实践研究"（JLJY202115640520）；吉林大学本科教学改革研究项目"新文科背景下高校创业教育改革与实践研究"（2021XZD013）；吉林大学新文科研究与改革实践项目"新文科创新创业教育与实践"（2021XWK33）。
【作者简介】张秀娥（通讯作者），吉林大学商学与管理学院教授，博士研究生导师，研究方向为创新创业教育和创新创业管理。吴志鹏，吉林大学商学与管理学院硕士研究生，研究方向为创新创业教育和创新创业管理。李伊婧，吉林大学商学与管理学院博士研究生，研究方向为创新创业教育和创新创业管理。

断迭代革新，学科间交叉融合已是文科教育创新发展的必然趋势[1]，全面推进新文科建设也已成为当下高校文科教育创新发展的时代主题。新文科是在经济技术与人文社会科学不断发展中孕育而来的学科教育体系，是在传统文科基础上，对现有文科中各专业课程的交叉融合。它突破了旧文科的传统思维模式，注重通过文科内部和文理科之间的交叉融通来研究、挖掘并试图解析学科、人与社会中的一系列较为复杂的问题，以构建具有中国特色的文科知识体系，引领文科学科发展。

2018年，中共中央办公厅联合国务院办公厅明确指出，要发展"新工科、新医科、新农科、新文科"；2019年，正式启动"六卓越一拔尖2.0"计划，要求全面推进"四新"建设；2020年，《新文科建设宣言》发布，要求达成创新发展的新共识。新文科建设作为对社会经济快速变革的主动回应，仍处于发展的初期阶段，正在从适应摸索逐步向支撑引领文科教育建设迈进。我国的新文科建设是学科有机交融、产学研创有效衔接、课堂内外互相补充的教育建设。[2]创新创业教育实践平台具有协同性、层次性和实践性特征[3]，能够有效辅助专业办学从而为新文科视野下的高校学科建设与改革带来新机遇，是新文科建设的必然要求。但目前我国高校创新创业教育实践平台建设仍存在明显的短板，高校创新型人才培养质量整体不高、实践能力不强等问题凸显[4]。如何构建符合实践性、交融多元性和学科认知要求的创新创业教育实践平台体系，已成为推动高校创新创业教育发展、提高学生创业就业质量所亟待解决的问题。

二 新文科建设背景下创新创业教育实践平台建设的必要性

新文科涵盖培养目标、课程体系、教学方法等诸多环节的创新，是从人才培养全过程对专业教育进行的系列改革，必然会对创新创业教育和学生创业就业能力产生深远的影响。新文科建设背景下的创新创业教育不同于传统文科的课程教育，其知识标准不受传统学科教育框架的约束，学科交融更加多元化，其教育载体除课堂之外，还包含创新创业大赛以及相关企业真实情景考察等实训"舞台"[5]。新文科建设中的创新创业教育是培育具有创新精神和相关技术与管理技能人才的实践性教育，侧重于通过行动和跨学科学习来培育学生的创新创业专业技能，而不只是专注于课堂上理论知识的传授。目前，创新创业活动的蓬勃发展虽已促进了创新创业教育基础理论的体系化和实践效果的提高，但创新创业教育的研究主要集中在创业教育生态系统建设[6]、教学人员课程开发[7]以及创新创业教育是否会影响创业活动上，相关学者以及各高校对实践平台建设的关注仍有不足。

实践平台建设是创新创业教育实践性发展的题中应有之义。科学的创新创业教育实践平台可为创新创业教育提供实训载体，促进校政企深入合作，推进多学科融合建设，有效提高创新创业项目孵化效率和学生的创业就业实践能力，将学生培养为高素质的实践型文科人才。

（一）助力多方协同合作

创新创业教育是一项复杂、系统的动态工程，需要高校、政府、企业等多方协同合作。创新创业教育实践平台是校政企协同合作的圆心基点，能够加强各方交流互动，将企业需求与高校创新创业项目直接对接，吸引社会资源投入。这不但创造了更多融合现代新技术的高质量创新创业项目，还提高了学生创新想法的转化率和转化质量，培养了师生的创新创业实践能力。因此，借助创新创业教育实践平台深化校政企协同合作，既可加快校方科研项目成果转化落地，又可帮助产业解决实际问题。

（二）推进多学科融合创新

当下，高校创新创业教育形式单一，与其他学科教育的关联性较弱，并没有形成科学的平台体系，但创新创业实践活动需要学生掌握文科、理工科等多方面的知识。因此，创新创业教育要加速多学科融合创新，顺应新文科建设的发展潮流，就需汇聚整合校内多个学科的资源与专业技术优势，构建一个能够实现多学科协同育人的专业教育实践平台。该平台能够推进多种专业学科共同协作以构成整体性的创新创业教育体系，打破不同学科间的交流屏障，帮助学生拓宽专业视野、探寻跨领域学科间融合的创新点，并在此过程中获得多学科交叉融合的创新创业意识和跨学科思维。[8]跨学科思维可以协助学生整合两个或多个学科的知识，以通过单一学科手段不可能做到的方式产生认知进步——解释现象、解决问题或创造产品。比如，商科的优势在于商业模式创新和市场营销战略，理工科的优势在于技术和产品创新，两者交叉融合能够发挥各自学科的最大优势，从而创造出精品级的创新创业"作品"和高质量的就业效果。

（三）培养学生实践应用能力和就业能力

创新创业教育的最终目的是让学生将所学的专业知识应用到就业创业过程中去，而新文科建设背景下创新创业教育的教学模式需由传授知识型转为互动融合型。在传授知识型教学模式中，老师是创新创业教育教学过程中的主动方，学生作为接收知识的被动方机械地完成课业，缺乏启发和探究互动式教学方法的灵活运用。这导致大部分学生对创新创业教育不重视，缺乏科学的学习机制，甚至将创新创业教育仅仅视为一种功利活动[9]，不利于培养学生的创新创业意识与实践应用能力[10]。而在互动融合型教学模式中，教师是辅导者，学生是学习的主导者，他们在学习专业理论的基础上，通过实践平台上的各种实践活动主动整合、检验知识，增强知识应用能力。创新创业教育实践平台可以帮助学生了解焦点市场的动态变化和各行业领域的发展方向，并在实践平台上进行小规模的创新创业项目试炼，借此挖掘自身的创新创业潜能以制定适配的创新创业发展规划。这有利于培养学生独立设计思考、敢于质疑权威、善于创新的价值思维和品质，进而激发学生在创新创业学习过程中的主动性与积极性，提升他们的实践应用能力与就业能力。

三 创新创业教育实践平台建设中存在的问题

当前，我国创新创业教育理念、模式及实践之间的结合相对不成熟，高校创新创业教育大多停留在开设创新创业基础课程、指导创新创业竞赛的层面，且多在政策要求范围内开展创新创业教育，教学模式僵化，未能与企业、社会多方建立起深层次、可持续的创新创业教育实践互动平台。[11]具体而言，存在下述三个问题亟待解决。

（一）难以满足学生创新创业实践需要

第一，现存创新创业教育实践平台的数字技术应用不到位。多数高校虽已初步建立创客空间、创业孵化基地、创新创业大赛训练基地等实践平台，但大数据的应用和市场的快速更迭对创新创业教育提出了新的挑战。数字技术在互联网虚拟和现实环境中的使用显著增加，以往与数字化关联的创新创业项目并不在少数，如第十一届中国创新创业大赛中的"创新创业50强"企业均与数字智能紧密相关；中国国际"互联网+"大学生创新创业大赛旨在为互联网创业提供展示平台。新创企业数字化正如火如荼，但与之相应的创新创业教育数字化实践平台未能充分利用大数据、云计算和人工智能等新兴信息技术来满足新文科建设对人才培养高质量发展的要求。

第二，现存创新创业教育实践平台同质性强、实用性弱。一方面，各高校开展创新创业教育改革的深度和广度、学生个体素质能力、学校本土市场环境等均有很大差异，"跟风"式、"复制"式的实践平台建设导致教育实践平台同质化，无法达到因材施教的目的。另一方面，由于缺少市场力量的介入和支持，教育实践平台的数字化仍止步于在App、网页上的自主学习和延时互动。这致使教育实践平台中的实践属性多仅停留在"理论实践"教育的层面，没有专门的平台能够提供专业培训和有效的彩排预演，实用性不足，导致创新创业项目数量少、质量低，创业项目成功率不足，整体就业质量不高。

（二）校政企融合不足

受制于平台体制的约束，校政企合作中的愿景目标、利益分配受到诸多限制，高校与政府和企业之间的合作仍停留于浅层次的产教融合上。[12]各高校作为创新创业教育实践平台建设的主战场，更注重就业率和升学率，对学生的创新创业教育关注不足；而企业则是以赢利为衡量标准的社会组织，只有让企业"有利可图"，才能让企业主动合作；政府既是政策激励的制定方也是参与平台建设的合作方。不同于校企的"自负盈亏"，政府的利益与当地校企密切关联，因此政府可以成为合作的催化剂、黏合剂。但当前的创新创业教育实践平台建设主要依靠高校自身的资源和力量，各相关主体参与创新创业教育的积极性不强。现存创新创业教育实践平台多属于高校"自唱自演"的项目培育平台，缺少与政府及企业的深度连接，而合作的匮乏将导致难以构建创新创业教育内外联动的平台机制，进而无法为学生提供更多更好的实践机会与创新创业机会。在实际操作过程中，实践平台中的单个参与方往往充当独立的创业者或学者的角色，缺乏对社会经济发展需求的研判，需与其他的创业者或学者协同合作、共享智慧来完成更高质量的创新创业项目，从而避免学生"从校门到校门"式的创新创业实践，促进企业创新与学校人才培养的有机融合。

（三）资源保障匮乏

在创新创业上升为国家战略之后，配套的教育体系快速发展，但创新创业教育实践平台的建设仍受到资金、师资、课程等保障不足的制约。第一，不同于理工科专业，文科专业因为对实验器材的需求相对较少，往往面临资金筹集困难的问题。这是因为在工业4.0的迅猛发展下，理工科在科技进步中发挥了可视的巨大作用，且实验投入更大、可测，实验产出的经济效益转化快、效率高。传统人文社科自然实验少，职能性更强，经济效益转化不稳定。第二，目前我国创新创业教育发展正值起步的初级阶段，专业师资的培养相对滞后。由于高校创新创业教育师资队伍存在来源渠道单一、专业程度不高、兼职教师不足等问题，仍有高校将实践环节的育人任务交由从事学生就业工作且缺乏创新创业实践经历的辅导员和学生部门的工作人员来承担。第三，缺乏与创新创业实践全过程相配套的课程资源。目前的课程资源多源于国外知名学者的理论著作，适应本土市场的课程资源稀缺。创新创业项目及企业的建立、存续和发展是长期持续、面向未来的活动，它们随时都面临动态环境的挑战。实践平台的功能不仅是将一个个新项目孵化出来，还需给予这些项目全生命周期发展所需的实践课程指导，这在国外的课本上难觅踪迹。而这些从平台"破壳"成长为"雄鹰"的项目就是实践平台发展最优质的课程"活资源"。

四　新文科建设背景下创新创业教育
实践平台建设的路径

新文科建设背景下的创新创业教育实践平台建设需要各参与方与数字技术积极对接，协同合作搭建多模块联合平台，以打破教育链内各学科间及教育链与产业链的融合壁垒，使校政企各方在平台集群建设、教师队伍培养、配套课程保障等方面进行更深层次的沟通与合作。据此，为校政企协同建设教育实践平台提出以下建议。

（一）构建数字化平台

2020年初，新冠疫情的发生加速了数字化转型进程，这为创新创业教育带来了新的机遇与挑战。[13]针对现有平台未能及时嵌入互联网、云计算等数字技术的问题，校方应主动采用线上虚拟互联教育方式，充分利用智能化、数字化手段搭建数字化创新创业教育实践平台，突破线下实践教育的物理局限性。创新创业教育实践平台作为创新创业教育的实践载体，需要应用数字技术以改变学生—讲师和教学—学习的传统互动方式。一方面，它打破了线下教学互动的空间局限性。即使在全球疫情反复的情况下，政企实践专家也可在线上指导学生，使学生更深入地了解企业生产过程的技术创新和产品研发等核心创新环节。这种线上的校政企多方实践交流，为团队成员注入了动力，使他们了解彼此的行为、态度和专业知识，从而鼓励他们在更深的层次交流信息和经验。[14]另一方面，它延长了创新创业教育的"保质期"，让课程上架线上平台，随看随学；也让创新创业项目指导不受时空限制，随教随改，在降低线下相关投入成本的基础上，不减弱师生的创新创业实训感，获得高仿真的实践教学效果。可见，平台参与者可借助互联虚拟技术，有意识地增强彼此间的互动，通过合作增强创新实力，降低风险，共享新兴技术的信息与经验，创造产教线上联合的新价值。

（二）建设"前孵化、专业孵化"二合一的平台

传统的创新创业教育实践平台以校内实训基地为主，多用来培育创新创业大赛、"互联网+"大赛等赛事项目，存在同质性强、实用性弱的问题，且学生参与的项目多以创意计划书为主，可行性较弱，难以满足创新创业实践要求。相较于校内实训基地，校外的创新创业孵化基地、科技园区等孵化器与企业的联系更加紧密，更贴近于市场实际。因此，高校应积极与校外孵化器对接，建立"校内前孵化—校外专业孵化"二合一式的创新创业教育实践平台，实现创新创业人才培养、高新技术企业孵化以及科技成果转化的有机结合。孵化平台作为整个平台生态网络区域内资源、技术、信息等流动扩散的关键引擎[15]，凭借在孵化网络中的势能优势和与高校、企业、政府的既定关系[16]，对创新创业教育有着重大的载体意义。校政企三方合作拟建的创新创业教育实践平台涵盖两个模块。

第一，校内搭建前孵化平台。前孵化平台主要包括校内各式创新创业实践孵化基地，如众创空间、创客空间、创客与学客一体化空间、校内科技园、校内创业园等。以创客与学客一体化空间为例，它为校内的创客（有创业想法的人、创业者）与学客（创新创业课程的学习者、研究者）提供了"设计制作与分享交流"一体的开放式实践空间。即使不是创业者，师生只是因为在创新创业课程或其他专业课程学习过程中对某一理论或问题抱有困惑，亦可以到创客与学客一体化空间来与大家共同探讨、寻找答案。这样的前孵化平台具有教育培训、初步运营实践等功能，是新项目步入市场前的一道过滤保险装置，可让项目在推向市场之前进行可行性测试。[17]且对于学生创客而言，在创业理念不成熟、创业资源相对匮乏的情况下，直接对接外部孵化器需要承担较大风险、投入较多资源。因而，在校外的专业孵化平台前端引入前孵化平台，将创客与学客合作的教育新思维和高校创新创业教育相结合，可实现学生跨学科交流、推动创客与学客跨群体合作探究创新创业[18]，同时提高大学生整体就业质量。

第二，校政企合作搭建校外专业孵化平台。专业孵化平台是为创新创业相关主体提供专业服务（如财务、税务、法务、人力、战略等）、专用基础设施

和高质量技术咨询的创新创业服务机构。[19]相较于传统的孵化平台，它专注于垂直孵化，对孵化服务更具专业性、精准性和有效性，更易构建专业的孵化网络以便形成创业生态系统来推进价值共创。且作为创新创业教育实践平台的主模块，它一方面能够实现多方多重服务主导逻辑的兼容并存，既为高校提供了专业的教育实践平台，又为创新创业企业提供了先天的地位与资源优势[20]；另一方面能够提供资源整合平台、实践平台与能力培育平台。首先，高校在创新创业教育中依托自身的教育资源，聚合市场上的小微企业集群，以专业孵化器的形式进行专业呈现，能够更高效地利用资源，为创新创业教育提供资源保障。其次，专业孵化器的创设，能够为高校提供教育"新阵地"，为师生提供理论与实践相结合的专业实践基地，进一步优化创新创业教育环境。最后，专业孵化器以专业实践培育平台的形式令学生在孵化基地得到专业的创新创业实操机会，为大学生就业创业实践能力的培养提供了长效有力的保障，让创新创业教育更好地落到实处。在实践中，专业孵化器与企业以及创业生态系统其他主体之间都存在密切的服务交换关系[21-22]，经过校内前孵化平台培训"毕业"的项目将"升学"进入校外专业孵化平台。而专业孵化平台中的创客与学客将得到更专业的实践训练和创新创业类服务，他们的"新点子"将在更全面、更专业的服务支持下接受市场的检验和锤炼。

（三）加强多方合作，共筑平台

创新创业教育实践平台是一种可以提供优质产品或服务的多边互动协作的架构，它同时包含交易互补与价值互补两个特性。[23]从交易互补的角度看，平台参与方相互依赖、各取所需，三者缺乏其一则无法良好运转。高校利用平台获得丰盈的政企资源，借此提高自身教育水平和教育产出；政府和企业在为平台提供资源支持的同时获得优质的人才及项目资源，推动自身长远发展。从价值互补的角度看，校政企多方协同合作能够比各个单体独自运转创造出更大价值，为创新创业教育提供支撑多边主体活动的基础区块，使高校与政企之间产生"1+1＞2"的价值创造效果。这种超额的价值需要高校与政企合作共同创造。

首先，高校作为创新创业教育的"主战场"，最了解师生需要怎样的平台和资源，并给予最直接的反馈与支持，是创新创业教育发展与成果转化的主力。因此，需要高校牵头制订平台发展计划，将高校毕业生就业质量评估从只关注就业转变为同时注重培养创新创业人才，让高校在实践平台上充分展现自身的科研创新和人才培养优势，吸引各企业入驻实践平台。其次，政府可进一步加强对创新创业教育的宏观指导和对创新创业专项政策的普惠支持，鼓励高校与企业的"本土化"合作，将教育实践平台延伸到市场中去，将企业技术与管理骨干、创新创业优秀人才引到校内的实践平台中来，从而实现高校、政府和企业三方在创新创业教育中创新技术成果、共享人才。最后，校政双方应主动寻求与本土企业的合作，宣传高校所具备的特有优势，为企业入驻各地创新创业教育实践平台提供便利条件，明白企业是创新创业教育成果转化的落脚点，是教育实践平台输出的接收者、获益者，创新创业项目、人才终将被输出到市场的汪洋之中。此外，企业也是创新创业教育实践平台建设的参与者、支持者，实践平台的实践性和可靠性需要发挥大型企业的带头作用，凝聚众多中小企业的力量来共同维护，以此达到平台多方相互扶持、共同发展的目的。因此，创新创业教育实践平台建设应由高校主导、政府与企业支持参与，以推动创新创业教育共建、共创、共享的可持续发展。

（四）完善平台建设及运营的资源保障机制

创新创业教育实践平台的建设是高校、政府和企业共同的义务和责任，需要多方协作共构一套涵盖政策、资金、师资、课程、监督与评价的平台保障机制，为创新创业教育营造良好的实践环境。

第一，需要政府完善创新创业教育实践平台相关政策，及时修订实施细则，切实增强实践平台的规范性、科学性和持续性。政策制定应从平台参与者的需求角度出发，集聚分散的创新要素，发挥整体协同优势，营造多方互动、深入交流的氛围，推动教育实践平台建设。

第二，既要利用好政策支持，又要摆脱依赖政府资源"选择性配置"的现状，逐步增强资金来源多样性，创造良好的教育实践环境。在加大政府投入力度的基础上，联合银行、投资机构及企业设立创新创业专项基金，为专业化的平台建设提供有力的资金支持。此外，为了增强创业合规性并控制内部风险，教育实践平台应同时为参与方提供第三方信用保障，建立合作交易信息的模块，及时发现、选择、评估合作伙伴，促进伙伴间相互信任以及拟定资源竞争博弈与战略合作下的矛盾解决方案，进而制定明晰的实践准则。

第三，围绕创新创业教育实践平台优化创新创业教育师资队伍。一方面，要增强教师创新创业教育理念与育人意识，提升育人能力、找准教育角度，将社会生产前沿的现实需要作为科研方向，加强不同学科专业的教师创新创业专业培训、学习和实践，实现高校科研成果向产业技术转化。另一方面，高校应根据创新创业课程与具体跨专业交叉的需求拓展创新创业教育师资来源，引进跨学科师资并特设创新创业实践导师岗位，支持企业技术骨干及管理人才等高水平专家到高校交流指导，进而优化双创师资队伍结构。

第四，构建"嵌入式"创新创业教育课程体系。各高校在完善创新创业专业课程的基础上，需与企业深度沟通协作，根据新文科的特色和优势，深入挖掘提炼创新创业教育体系中所蕴含的创新思想价值导向和精神内涵，拓展创新创业课程跨学科横向融合的广度、跨系统层次纵向研究的深度和本土优秀精神品格凝集发扬的温度。创新创业教育实践课程应采取培训、实践体验和交流互动等多样的形式来增加教师、学生、学者和企业家之间的思想交流和发展自我的机会，促进高校师生进行创造性活动。此外，新文科建设背景下的创新创业教育课程不但要在范式上多样化，还要在数字技术应用上发挥多元深层的融媒体时代优势，充分围绕教育实践平台、社会和企业的需求。换言之，高校需在新文科专业课程与专业教育实践平台的设置中增加多学科、多技术交融的创新创业实践模块，充分发挥新文科建设背景下的学科融合优势，让师生团队注重学思结合、知行合一，扎根于祖国大地，充分了解当地市场、民情，在实践中扩展创新思维，在艰苦奋斗中锤炼意志品质，培养勇于探索、敢闯会创的创新精神、创造意识和就业创业的综合实践能力。

第五，建设监督检查机制以及与实践密切联系的考核评价体系。充分发挥各级各类教学指导委员会、学科评议组、创新创业教育专业学位教育指导委员会等专家组织部门的监督指导作用[24]，研究制定科学多元的平台建设评价标准，进一步完善创新创业科技转移体系，加强产学研深层次多方合作。高校对学科和师生的评价应从重视论文数量、奖项级别等确定性指标转为注重创新创业综合就业人才培养、科研知识与技术创新、服务经济社会发展、创新创业精神培养与文化厚植等动态绩效。且应在教材奖、教学成果奖等各类表彰奖励工作中，突出创新创业教育的实践要求，加大对创新创业教育实践平台建设的支持力度，将教师参与创新创业教育实践平台建设情况和平台实践教学效果作为教师评奖评优、岗位聘用与培训的重要参考。

参考文献

[1] 马骁，李雪，孙晓东. 新文科建设：瓶颈问题与破解之策[J]. 中国大学教学，2021，366（Z1）：21−25+34.

[2] 樊丽明，杨灿明，马骁等. 新文科建设的内涵与发展路径（笔谈）[J]. 中国高教研究，2019，314（10）：10−13.

[3] 王志军. 基于产教融合的高校创业教育实践平台建设研究[J]. 黑龙江高教研究，2022，40（10）：125−130.

[4] 谢家建. 高校"互联网+"创新创业教育系统的内在逻辑与建设路径[J]. 当代教育论坛，2019（5）：108−114.

[5] 丁坤. "以赛促创"：高校创新创业人才培养的策略[J]. 教育理论与实践，2022，42（21）：9−12.

[6] Wei X, Liu X, Sha J. How does the entrepreneurship education influence the students' innovation? Testing on the multiple mediation model[J]. *Frontiers in Psychology*，2019（10）：1−10.

[7] Li J, Huang S, Chau K Y, Yu L. The influence of undergraduate entrepreneurship education on entrepreneurial intention: Evidence from universities in China's Pearl River Delta[J]. *Frontiers in Psychology*，2021（12）：732659.

[8] 李剑平. 大学生创业将破除成功率"魔咒"[N]. 中国青年报，2015−05−15（03）.

[9] Liu M, Yu X. Assessing awareness of college student startup entrepreneurs toward mass entrepreneurship and innovation: From the perspective of educational psychology[J]. *Frontiers in Psychology*，2021（12）：690690.

[10] 李亚员，王瑞雪，李娜. 创新人才研究：三十多年学术史的梳理与前瞻[J]. 高校教育管理，2018，12（3）：116−124.

[11] 杨冬. 我国高校创新创业教育政策变迁的轨迹、机制与省思[J]. 高校教育管理, 2021, 15 (5): 90-104.

[12] 江涛涛, 王文华. 新文科建设背景下商科创新创业教育改革研究[J]. 财会通讯, 2021, 881 (21): 173-176.

[13] Yu T, Chao C, Wang Y. Factors influencing the teaching intention of business college teachers to fulfill digital entrepreneurship courses [J]. *Frontiers in Psychology*, 2022 (13): 860808.

[14] Iwu C G, Opute P A, Nchu R, et al. Entrepreneurship education, curriculum and lecturer-competency as antecedents of student entrepreneurial intention [J]. *The International Journal of Management Education*, 2021, 19 (1): 100295.

[15] 王国红, 周建林, 邢蕊. 基于双重扩散过程的创新孵化网络内知识扩散方选择策略研究[J]. 科学学与科学技术管理, 2015, 36 (4): 105-114.

[16] 胡海青, 王兆群, 张琅. 孵化器控制力对创新孵化绩效的影响: 一个有调节的中介效应[J]. 南开管理评论, 2017, 20 (6): 150-162+177.

[17] 张育广. 高校众创空间的运行机制及建设策略——以广东工业大学国家级创客空间为例[J]. 科技管理研究, 2017, 37 (13): 101-106.

[18] Yang Y. Exploration and practice of maker education mode in innovation and entrepreneurship education [J]. *Frontiers in Psychology*, 2020 (11): 1626-1626.

[19] 张力, 聂鸣. 企业孵化器分类和绩效评价模型研究综述[J]. 外国经济与管理, 2009, 31 (5): 60-65.

[20] 张宝建, 孙国强, 裴梦丹等. 网络能力、网络结构与创业绩效——基于中国孵化产业的实证研究[J]. 南开管理评论, 2015, 18 (2): 39-50.

[21] 解学芳, 刘芹良. 创新2.0时代众创空间的生态模式——国内外比较及启示[J]. 科学学研究, 2018, 36 (4): 577-585.

[22] Tommy S, Lise A. The network mediation of an incubator: How does it enable or constrain the development of incubator firms' business networks? [J]. *Industrial Marketing Management*, 2019 (80): 126-138.

[23] Michael G J, Carmelo C, Annabelle G. Towards a theory of ecosystems [J]. *Strategic Management Journal*, 2018 (39): 2255-2276.

[24] 高树琴, 赵荣生. 我国本科院校创业教育: 历程、问题与对策[J]. 当代教育论坛, 2017 (4): 19-24.

Exploring the Path of Building Practice Platforms for Innovation and Entrepreneurship Education in the Context of the New Liberal Arts Construction

Zhang Xiue, Wu Zhipeng, Li Yijing

Abstract: The construction of new liberal arts promotes the accelerated change of innovation and entrepreneurship education. As a strategic support point for innovation and entrepreneurship education, the innovation and entrepreneurship education practice platform has become a key to facilitate multiparty collaboration, promote multidisciplinary integration with innovation, and cultivate students' practical application ability and employment ability. However, the construction of innovation and entrepreneurship education practice platforms still has problems, such as the difficulty in meeting the needs of students' innovation and entrepreneurship practice, insufficient integration between the university, government and enterprises, and the lack of relevant resources guarantee. Therefore, universities should actively cooperate with government and enterprises, to build innovation and entrepreneurship education practice platforms based on the "pre-incubation + professional incubation" and integrated digital technology. This will help improve the construction and operation resources guarantee mechanism of the innovation and entrepreneurship education practice platform, promote the development of innovation and entrepreneurship education and improve the quality of students' employment.

Keywords: New Liberal Arts; Innovation and Entrepreneurship Education; Education Practice Platform; Digital Technology

◎双创教育◎

基础教育阶段创业教育与创业企业成长

——基于 GEM 的实证分析

张 坤 李 萍

【摘 要】 相较于高等教育阶段的创业教育,基础教育阶段创业教育的实践和研究仍处于探索阶段。本文聚焦基础教育阶段的创业教育,构建研究框架分析它对创业者以及创业企业成长的影响。基于全球创业观察(GEM)的样本,对研究假设进行实证检验。结果表明:基础教育阶段的创业教育对创业企业成长有显著影响,即一个经济体基础教育阶段创业教育发展越好,其创业企业成长情况越好;微观层面来讲,创业机会识别对创业企业成长有积极影响;同时,基础教育阶段的创业教育越完善,该经济体中创业机会识别对创业企业成长的积极作用越明显。研究丰富了对创业教育的理论探索,且指出应加快促进基础教育与创业教育的融合,注重培育学生的创业机会识别能力,做好基础教育阶段与高等教育阶段创业教育的衔接。

【关 键 词】 创业教育 基础教育 高等教育 创业机会识别 创业企业成长

【基金项目】江苏省高等教育教学改革研究课题"财经类高校大学生创新创业教育模式及综合素质培养理论研究与实践"(2021JSJG391);南京财经大学本科教学改革研究课题"与专业教育深度融合的创新创业课程体系建设研究"(JGY202269);南京财经大学本科教学改革研究课题"基于可承担损失驱动的大学生创业行为生成机制和逻辑设计研究"(JGY202218);南京财经大学大学生创新创业训练计划项目"乡村振兴战略下平台型企业包容性创新机制研究"(202310327052XJ)。
【作者简介】张坤,南京财经大学工商管理学院讲师,研究方向为创新与创业管理。李萍,南京财经大学工商管理学院本科生。

一　引言

创业教育是培育创业人力资本的主要途径，对增强创业意愿、提升创业质量并塑造企业家精神有着积极作用。自 2010 年教育部颁布实施《关于大力推进高等学校创新创业教育和大学生自主创业工作的意见》以来，我国创新创业教育得到快速发展，高等教育阶段的创业教育实践与研究也得到了极大的丰富，逐渐形成了较为完善的高校创业教育生态系统。[1-2] 然而，仅仅依靠高校内短期的创业教育培养大批企业家是极其困难的[3]，培养创新创业人才需要高等教育阶段和基础教育阶段的共同介入[4]。英国、芬兰等启动了以项目为抓手的基础教育阶段创业教育，日本的创业教育也称为"起业家教育"，注重培养学生创业意识和创业精神，强调实践性教学[5-7]。美国则早已在小学、中学、大学以及研究生的全阶段融入创业教育，形成了完整的创业教育体系。当前，我国基础教育阶段的创业教育进展较为缓慢。《中国青年创业发展报告（2021）》显示，我国青年创业者中，19~23 岁创业者占比 51.3%，且 20 岁为创业高峰。[8] 大量青年创业者需要更加系统和丰富的创业教育，探究基础教育阶段创业教育所发挥的效能及其机制，让青年创业者做好创业的心理准备、知识储备与技能预备，具有巨大的理论价值和重大的现实意义。

不少学者认识到基础教育阶段创业教育的重要性，然而对基础教育阶段创业教育如何影响创业活动仍不明确。创业教育对增强创业意愿[9-11]、提升创业绩效有着积极影响[12]，但基础教育阶段的创业教育是否会在创业过程中发挥作用，以及发挥多大作用尚不清楚。同时，由于相关研究数据的限制，对基础教育阶段创业教育的效能及其影响机制缺乏实证检验。值得注意的是，创业是围绕创业机会识别和开发的价值创造活动。创业机会识别是创业活动的开端，也是创业企业持续成长的关键。创业教育的目标之一是提升学生的机会识别能力，创业机会识别相关理论和实践是创业教育的重要内容。尤其是对于基础教育阶段的受教育者来讲，应当培育他们的创造力和机会警觉性，为识别良好创业机会奠定坚实的思维基础。因此，从创业机会识别的角度探究基础教育阶段创业教育的效能是关键路径。

综上所述，本文将视角聚焦在基础教育阶段的创业教育，构造研究模型，分析创业教育、创业机会识别以及创业企业成长之间的关系，并通过全球创业观察（GEM）的样本数据进行实证检验。研究结果可能有助于加深对基础教育阶段创业教育的认识，促进对创业教育的理论研究，并为创业教育实践提供参考。

二　文献综述与研究假设

通过接受创业相关理念、知识传授以及项目培训，创业者能够提升自身的创业技能和素养，提高创业成功的可能性。相较于高等教育阶段的创业教育，我国基础教育阶段的创业教育研究仍处于探索阶段。然而，无论是从创新创业活动的发展特点、创业心理品质、社会知识结构要求，还是从我国教育现实出发，在基础教育阶段嵌入创业教育都有必要性[13]。研究表明，在人生不同阶段接受过多个创业教育项目的个体，更有可能投入创业活动中来[14]。任胜钢等对253名学生创业者进行的调查发现，创业教育能够正向促进新创企业成长，并且创业教育会影响个体创业导向的效能。[15]宁德鹏等对30887名学生进行调查，统计分析发现创业教育能够通过增强个体的创业意愿，推动创业行为。[16]但该类研究多是聚焦高校创业教育情况，并未衡量被试者在基础教育阶段所接受的创业教育水平。不可忽略的是，创业能力的培养呈现长期性特征，仅仅依靠在高等教育阶段接受的培养，学生难以形成正确的创业观念、动机和技能。而接受了更为系统的基础教育阶段创业教育的创业者，能够从根本上树立正确的创业意识，并结合高等教育阶段的学习，形成完备的创业教育知识结构和能力。因此，基础教育阶段的创业教育有助于创业者更好地经营初创企业，获得良好的创业绩效。本文认为，一个经济体将创业教育很好地嵌入基础教育体系中，有利于培育潜在创业者的综合能力和素养，从而促进创业企业成长。基于此，提出如下研究假设：

假设1：基础教育阶段创业教育有助于创业企业成长。

创业机会是创业研究的核心议题，创业机会的识别和开发贯穿创业活动始终。其中，创业机会识别是创业的开端，是催生后续创业活动的关键前提。一系列研究已经证明，创业机会识别是推动个体产生创业意愿的重要因素。[17]本文认为，创业机会识别不仅有助于个体做出创业决策，同样也有利于创业企业的持续成长。研究发现，创业机会识别能力能够显著促进创业企业的成长，是构成创业者创业动态能力的重要部分。[18]一方面，发掘一个好的创业机会往往能达到事半功倍的效果。较强的机会识别能力能够帮助创业者发现高价值、有潜力的创业机会，这有利于创业企业的市场开拓，对创业企业后续成长起到决定性作用。另一方面，良好的机会识别能力有助于创业企业克服新创弱性，进入快速成长期。在创业初期，创业者借助自身的创造力增强创业项目的创新性，在产品设计、生产制造、市场营销等方面推陈出新，以应对激烈的市场竞争。同时，创业机会识别能够促进创业活动的快速迭代，推动企业跨越初创期，进入快速成长期。基于此，本文提出如下假设：

假设2：创业机会识别有助于创业企业成长。

创业机会本质上是构造手段和目的的联结[19]，即通过适当的方法，来满足消费者未被满足的需求。创业教育在不同教育阶段的目的有所不同[20]，基础教育阶段，尤其是小学教育阶段，创业教育的主要目的是激发学生的创造力，注重培育受教育者的创业意识、创业能力和创业心理品质[13]。在中小学教育阶段，一方面，通过融入创新、创造力方面的课程，可以提升学生发掘事物之间联系的能力，为创造性地满足市场需求奠定思维基础；另一方面，通过适当地融入金融、商业以及经济学方面的教育，帮助学生感知商业活动的特征，为后续发掘创业机会，开展创业活动，并实现持续成长奠定知识基础。雷轶等进行的一项准实验研究发现，在经过多阶段的创业认知教育后，个体能够显著增强自身对商业机会可行性评估的准确性。[21]

实证研究表明，创业教育能够提升潜在创业者的创业自我效能感，进而促进他们对创业机会的识别和开发，进行更多的机会型创业。[22]刘建伟等研究发现，相较于理论导向的创业教育，实践导向的创业教育能够增强学生的创业自我效能感与机会识别的积极关系。[23]这些实证研究结果解释了创业教育发挥作用的关键机制，也证明了创业教育与机会识别的协同作用有利于创业企业的持续成长。

基于上述论证，本文推断，基础教育阶段创业教育能够培养个体的创造力，提升其创业自我效能感，进而提高其创业机会识别效能，促进创业企业的持续发展。所以，那些在基础教育阶段就重视创业教育的经济体，其创业者能够更好地发挥机会识别能力，实现创业企业成长。据此，本文提出以下假设：

假设3：基础教育阶段创业教育增强了创业机会识别与创业企业成长的积极关系。

三　研究方法

（一）研究样本

本文选取GEM（全球创业观察）数据库，筛选样本进行实证分析。GEM是一项全球性创业调查项目，自1999年以来每年会对不同经济体的创业现象进行调查，形成了宝贵的调研数据和资料。该项目分为成年人口调查（APS）和专家调查（NES）两项，前者需要在每个经济体选择大量的样本，对创业态度、创业人力资本、创业企业发展情况等进行调研；后者则在每个经济体选择至少36名专家，评估该经济体的创业条件框架。本文基于2019年GEM成年人口调查，筛选那些正在开展创业活动，且拥有或部分拥有企业所有权的创业者作为研究样本。具体来讲，通过以下题项得出样本"您当前正在，独自或者与他人一起，尝试创办一家新企业吗？"以及"当前，您是所帮助管理、自我雇用以及销售商品（服务）的企业的所有者（独自拥有或者共同拥有）吗？"，回答"是"的个体被选为本文的样本。将两层面数据进行合并、整理，剔除数据缺失样本，最终得到40个经济体的2297名创业者。

（二）变量测量

基础教育阶段的创业教育是 GEM 评价一个经济体创业条件框架中的重要部分，具体题项包括："在我的国家，中小学教育鼓励创造性、自立和个人主动性""在我的国家，中小学教育中提供了有关市场经济原则的充分指导""在我的国家，中小学教育中对创业和创建新公司给予了充分关注"。本文选择三个题项答案的均值作为该经济体基础教育阶段创业教育的得分。同时，考虑到创业教育影响的时滞性，本文选取该指标在 2009~2018 年得分的均值进行分析。创业机会识别则依据样本是否看到周围蕴含的创业机会进行衡量，具体根据以下题项得到："接下来的六个月中，在你居住的地区有很好的创业机会"。得分从 1 到 5 分别表示从"完全不同意"到"完全同意"。创业企业成长可以从不同角度进行衡量，常用的指标有企业资产、销售额、企业人数等，依据数据可得性，本文选择企业人数，并取其对数。同时，根据现有研究，在个体层面加入性别、年龄、社会资本、创业经验、失败恐惧作为控制变量；在经济体层面，则控制国民生产总值（GDP）、金融支持、文化与社会规范。

（三）模型设定

本文的因变量为微观层面的创业企业成长，而核心自变量既包括微观层面的创业机会识别，也包括宏观层面的基础教育阶段创业教育。同时，运算空模型（null model）后结果显示，组内相关系数 ICC 值为 0.178，高于临界值，这说明有必要进行分层研究。据此，本文将构建分层线性模型进行实证检验。

四 研究结果

（一）相关性分析

表 1 给出了变量之间的相关性分析结果。根据结果，创业机会识别和基础

教育阶段创业教育均与创业企业成长呈显著正相关关系，符合理论预期，为下一步建立模型进行回归估计奠定了基础。

表1 相关性分析

变量	(1)	(2)	(3)	(4)	(5)	(6)	(7)	(8)	(9)	(10)	(11)
(1) 年龄	1										
(2) 性别	0.009	1									
(3) 社会资本	-0.042***	-0.052***	1								
(4) 创业经验	0.057***	-0.057***	0.127***	1							
(5) 失败恐惧	0.000	0.033***	-0.025**	-0.101***	1						
(6) GDP	0.029***	0.030***	0.066***	0.000	-0.061***	1					
(7) 文化与社会规范	0.034***	0.035***	0.107***	-0.0150	0.037***	0.493***	1				
(8) 金融支持	0.049***	0.064***	0.025**	0.131***	-0.034***	0.031***	0.080***	1			
(9) 创业机会识别	-0.075***	-0.037***	0.112***	0.186***	-0.037***	0.082***	0.090***	-0.075***	1		
(10) 基础教育阶段创业教育	-0.064***	-0.042***	0.093***	-0.0110	-0.059***	0.088***	0.499***	-0.184***	0.111***	1	
(11) 创业企业成长	-0.097***	-0.180***	0.135***	0.0300	0.0160	0.076***	0.070***	-0.131***	0.134***	0.184***	1

注：*** 表示 P 值<0.01，** 表示 P 值<0.05。

（二）回归分析

依据研究模型逐步进行回归估计，回归结果如表2所示。列（1）仅包含各层控制变量，结果表明，年龄、性别、社会资本以及创业经验能够显著影响创业企业成长，而失败恐惧、GDP、文化与社会规范以及金融支持并没有发挥显著作用。列（2）纳入基础教育阶段创业教育这一变量，结果表明基础教育阶段创业教育对创业企业成长起到积极作用（$\beta=0.426$，P 值<0.05），假设1得到验证，即基础教育阶段的创业教育能够显著促进创业企业成长。在列（1）的基础上纳入创业机会识别这一变量，结果表明创业机会识别对创业企业成长起到积极作用（$\beta=0.078$，P 值<0.01），假设2得到验证。列（4）将两个核心自变量即基础教育阶段创业教育、创业机会识别以及两者的交互项，共同纳入模型，结果显示基础教育阶段创业教育与创业机会识别的交互项系数

为0.135（P值<0.01），这表明中小学教育中嵌入创业教育能够显著促进创业机会识别和创业企业成长，假设3得到验证。

表2 分层回归分析结果

变量	(1)	(2)	(3)	(4)
年龄	−0.006** (−2.535)	−0.006** (−2.512)	−0.005** (−2.288)	−0.004* (−1.734)
性别	−0.469*** (−7.784)	−0.468*** (−7.766)	−0.463*** (−7.694)	−0.437*** (−7.369)
社会资本	0.127*** (4.293)	0.126*** (4.252)	0.115*** (3.885)	0.119*** (4.077)
创业经验	0.065** (2.188)	0.063** (2.113)	0.045 (1.489)	0.040 (1.367)
失败恐惧	0.016 (0.831)	0.017 (0.901)	0.015 (0.819)	0.016 (0.865)
GDP	0.023 (0.674)	0.043 (1.264)	0.022 (0.649)	0.052** (2.240)
文化与社会规范	0.056 (0.392)	−0.139 (−0.884)	0.038 (0.270)	−0.213* (−1.881)
金融支持	−0.191 (−0.863)	−0.097 (−0.455)	−0.181 (−0.821)	−0.112 (−0.725)
基础教育阶段创业教育		0.426** (2.359)		−0.058 (−0.356)
创业机会识别			0.078*** (3.773)	−0.374** (−2.244)
基础教育阶段 创业教育×创业机会识别				0.135*** (2.732)
常数项	2.392** (2.079)	1.483 (1.286)	2.243* (1.959)	3.200*** (3.520)
N（个）	2297	2297	2297	2297

注：*** 表示P值<0.01，** 表示P值<0.05，* 表示P值<0.1。

五　讨论

本文提出基础教育阶段创业教育、创业机会识别以及创业企业成长的关系模型，并通过GEM获得样本进行实证分析。研究结果表明，基础教育阶段的创业教育以及创业机会识别对创业企业成长均具有显著的积极影响；更重要的，两者存在跨层交互作用，即一个经济体基础教育阶段创业教育正向调节了创业机会识别与创业企业成长的积极关系。研究结果对加深创业教育理论探索，推动创业教育实践，具有一定的理论价值和实践意义。

（一）理论价值

首先，本文证实了基础教育阶段创业教育的效能，并厘清了它对创业企业成长的影响路径。本文通过对不同经济体创业者的数据进行分析，证实了基础教育阶段的创业教育情况对创业者有着积极的影响，尤其是对创业企业成长的推动。以往研究大多将视角集中在创业教育对个体创业意愿的影响上，而很少拓展到创业企业成长方面。创业意愿仅能预测创业倾向，而无法解释创业质量。[24]本文创新性地将基础教育阶段创业教育与创业企业成长问题结合起来，推动了创业教育研究的拓展。研究发现一个经济体的宏观基础教育阶段创业教育情况，对微观个体创业者的创业成效起到明显的作用。其中，提升创业者机会识别的能力，是基础教育阶段创业教育发挥作用的一个重要路径。这验证了机会识别在创业活动中的核心地位，也进一步表明了在创业教育中加强对学生创业机会能力培育的重要性。围绕创业机会识别相关理论与实践设置创业课程内容，应成为基础教育阶段创业教育中的一个重点。

其次，本文研究结果证实了创业教育的连续性和创业能力培育的长期性。以往研究大多关注高等教育阶段创业教育的成效，如对经济体的创业率、对潜在创业者的创业意愿等的影响，而对基础教育阶段创业教育的效果缺乏实证检验。这一方面缘于基础教育特征和目标的不同，另一方面也受限于相关数据不足。本文则基于GEM中对经济体创业生态环境的调查，选取基础教育阶段创业教育情况开展分析。结果证明了在基础教育阶段融入创业教育对创业者及创业企业成长存在的积极效应，这为加强基础教育阶段创业教育探索的必要性和重要性，提供了实证依据。研究结果在一定程度上表明，对学生创业意识、创业能力的培育，并不是一蹴而就的，需要长期、系统的创业教育理念传授和熏陶。因此，需要将创业教育从集中在高等教育阶段，转变为贯穿于基础教育与高等教育各个阶段，加强对基础教育阶段创业教育的理论研究。

（二）实践意义

本文利用 GEM 数据证实了基础教育阶段创业教育的积极作用及其关键影响路径，为促进创业教育发展提供了参考。

第一，要加快促进基础教育与创业教育的融合。这需要提高对基础教育阶段创业教育的重视程度，提升创新创业教育在基础教育中的地位。一方面，通过自上而下的政策制定，推动创新创业教育落实。例如，要求中小学将创业教育教学纳入学校改革发展规划之中。研究表明，教师本身所受的创业教育培训决定了他们所提供的创业教育质量。[25]因此，要推动中小学加强创新创业教育的师资培训，提升创新创业师资素养和水平，壮大创新创业教师队伍。另一方面，积极推动自下而上的创业教育探索。推动完善中小学课程体系，开设创新创业相关课程，鼓励中小学教师提升自身创新创业素养，创新课堂内容，将创新创业先导知识融入通识课、基础课或者思政课当中。

第二，注重培育学生的创业机会识别能力。创造力是促进机会识别能力形成的关键来源，需要进一步探索如何将学生的原始创造力转变为创业机会识别能力。本文证实了创业机会识别的核心作用，这说明，我们不仅需要在高等教育阶段强调创业机会识别的相关内容，也要在基础教育阶段加强创业机会识别理论传授与实践指引。其中，一方面，加强对具有优秀企业家精神的创业者的宣传。例如，通过讲解企业家创业故事，介绍其创业机会识别和评估过程，激发学生的创业兴趣；另一方面，可以通过适当嵌入经济学以及商科教育的基础性内容，促进学生对市场规律和商业活动的认知，加深学生创造力与市场活动的联系，提升其创业机会识别能力。

第三，做好基础教育阶段与高等教育阶段创业教育的衔接。本文研究结果证明较早的创业教育介入对创业者创业效能具有一定的积极作用。我国大中小学创业教育的衔接，在教育理念、政策连续、内容体系以及师资保障方面都存在一定问题。[26]当前中小学教育阶段并没有将创业教育很好地融入教育体系中，这既不利于打破束缚创业教育的藩篱，也不利于高等教育阶段密集的创业课程的实效。因此，应当加大基础教育阶段创业教育的力度，做好两个阶段创业教育的衔接，增强创业教育的系统性和连贯性，为高等教育阶段创业教育奠定坚实的基础。

（三）研究局限与展望

本文存在以下不足，需要在未来研究中进行弥补。首先，受限于数据，无法获得每个样本在基础教育阶段所获得的创业教育具体情况。事实上，包含两个阶段创业教育水平的创业教育相关数据较难获得，未来可以进行更微观的一手数据收集以展开研究。其次，基础教育成效具有一定的滞后性，当前研究并未刻画出创业教育对创业者及其创业企业影响的动态性，在未来的研究中，一方面，可以通过设定更精准的模型进行估计；另一方面，可以展开跟踪研究，以获得更全面的研究结果。最后，本文并未对创业企业进行分行业研究，且仅使用创业企业人数来衡量企业成长状况。今后的研究中，可以缩小研究视角，聚焦特定行业展开分析，以得到更有针对性和指导性的研究结果。

参考文献

［1］宋之帅，王章豹．我国创新创业教育生态系统演进历程与发展趋势［J］．中国高等教育，2020（2）：38-39+54.

［2］徐兆佳，熊华生，刘永存等．我国教育理论学术研究的现状、热点及趋势——基于《教育学术月刊》10年文献数据研究［J］．教育学术月刊，2018（10）：3-13.

［3］王占仁．中国创业教育的演进历程与发展趋势研究［J］．华东师范大学学报（教育科学版），2016，34（2）：30-38+113.

［4］胡英芹，吴坚．欧洲学校创业教育发展中的问题及成因——基于《欧洲学校创业教育报告》的解读与分析［J］．基础教育参考，2018（8）：11-14.

［5］褚飞飞．以创业精神培养为导向的中小学创新创业教育研究［D］．福建师范大学硕士学位论文，2021.

［6］牟晓青，于志涛．欧盟中小学创业教育现状解析［J］．山东理工大学学报（社会科学版），2017，33（1）：97-105.

［7］高向杰，翟泽．日本起业家教育对我国基础教育阶段创新创业教育的启示［J］．中国校外教育，2012（3）：13-14.

[8] 任泽平, 白学松, 刘煜鑫等. 中国青年创业发展报告（2021）[J]. 中国青年研究, 2022（2）: 85-100.

[9] Wilson F, Kickul J, Marlino D. Gender, entrepreneurial self-efficacy, and entrepreneurial career intentions: Implications for entrepreneurship education [J]. *Entrepreneurship Theory and Practice*, 2007, 31（3）: 387-406.

[10] 何淑贞, 龚英翔. 创业政策影响大学生创业意愿的机制研究: 一个有调节的中介模型 [J]. 高教探索, 2022（2）: 113-121.

[11] 黄莉. "四新"建设下创业教育对大学生创业意愿的影响机制研究——一个有调节的中介模型 [J]. 高等工程教育研究, 2023（4）: 183-188.

[12] 任胜钢, 蒋宇, 贾倩. 创业教育对大学生创业绩效的影响机制研究——以主动性人格为中介 [J]. 现代大学教育, 2017（3）: 106-111.

[13] 刘宇文, 张鑫鑫. 我国基础教育中的创业教育反思 [J]. 湖南工业大学学报（社会科学版）, 2011, 16（3）: 104-109.

[14] Curiel-Piña L, González-Pernía J L, Jung A, et al. The relationship between firm start-up rates and the local development of an entrepreneurship education system [J]. *International Journal of Entrepreneurial Venturing*, 2013, 5（1）: 84-103.

[15] 任胜钢, 贾倩, 董保宝. 大众创业: 创业教育能够促进大学生创业吗? [J]. 科学学研究, 2017, 35（7）: 1063-1072.

[16] 宁德鹏, 何彤彤, 邓君雪等. 创新创业教育对创业行为的影响机理研究——以创业能力和创业意愿为中介的大样本实证考察 [J]. 华东师范大学学报（教育科学版）, 2023, 41（2）: 93-105.

[17] 刘万利, 胡培, 许昆鹏. 创业机会真能促进创业意愿产生吗——基于创业自我效能与感知风险的混合效应研究 [J]. 南开管理评论, 2011, 14（5）: 83-90.

[18] 周键, 王庆金. 创业企业如何获取持续性成长? 基于创业动态能力的研究 [J]. 科学学与科学技术管理, 2017, 38（11）: 128-141.

[19] Shane S, Venkataraman S. The promise of entrepreneurship as a field of research [J]. *Academy of Management Review*, 2000, 25（1）, 217-226.

[20] 丁笑炯. 欧洲中小学创业教育的政策与实践 [J]. 比较教育研究, 2018, 40（10）: 27-35.

[21] 雷铁, 陈云川, 陈晶晶. 创业认知教育与创业激情对商业机会识别的影响——一项基于准实验设计的探索性研究 [J]. 创新与创业管理, 2019（1）: 60-74.

［22］López-Muñoz J F, Mira-Solves I, Novejarque-Civera J, et al. Entrepreneurial education and opportunity entrepreneurship: The mediation of self-efficacy belief ［J］. *Economic Research: Ekonomska Istraživanja*, 2023, 36（3）: 2159472.

［23］刘建伟, 吴剑琳, 古继宝. 创业自我效能与机会识别: 创业教育的调节效应分析［J］. 科技管理研究, 2018, 38（12）: 210-216.

［24］Prabhu V P, McGuire S J, Drost E A, et al. Proactive personality and entrepreneurial intent: Is entrepreneurial self-efficacy a mediator or moderator? ［J］. *International Journal of Entrepreneurial Behavior & Research*, 2012, 18（5）: 559-586.

［25］Ruskovaara E, Pihkala T. Entrepreneurship education in schools: Empirical evidence on the teacher's role ［J］. *The Journal of Educational Research*, 2015, 108（3）: 236-249.

［26］张务农. 大中小学创业教育衔接问题研究［J］. 教育发展研究, 2013, 33（Z1）: 68-72.

Entrepreneurship Education at the Basic Education Level and the Venture Growth
—An Empirical Analysis Based on GEM

Zhang Kun, Li Ping

Abstract: Compared with entrepreneurship education in higher education, the practice and research of entrepreneurship education in basic education are still in the exploratory stage. This article focuses on entrepreneurship education in basic education, constructs a research framework to analyze its impact on entrepreneurs and the venture growth, and, at the same time, conducts an empirical test based on the sample of Global Entrepreneurship Monitor (GEM). It finds that entrepreneurship education at the basic education level has a significant impact on the venture growth, that is, the better the development of entrepreneurship education in the basic education of an economy, the better the growth of the venture. At the micro level, entrepreneurial opportunity recognition has a positive impact on the venture growth; furthermore, the better the entrepreneurship education at the basic education level, the more pronounced the positive effect of entrepreneurial opportunity recognition on the venture growth in that economy. The study enriches the theoretical exploration of entrepreneurship education, and puts forward that we should accelerate the integration of basic education and entrepreneurship education, focus on cultivating students' ability to recognize entrepreneurial opportunities, and make a smooth connection between entrepreneurship education at the stage of basic education and that at the stage of higher education.

Keywords: Entrepreneurship Education; Basic Education; Higher Education; Entrepreneurial Opportunity Recognition; Venture Growth

"双一流"建设背景下研究生双创教育高质量发展路径

马丽娜　张　雪

【摘　要】 高质量的研究生双创教育是"双一流"建设的核心，应以服务贡献为逻辑起点，以协同发展为逻辑进路，以系统塑造为逻辑旨归。文章从创新与创业的"双创"视角出发，基于东北三省四所"双一流"建设高校，通过文本分析、实地调研与深度访谈方法，探讨了研究生双创教育的发展路径。研究表明，高校通过完善制度保障体系、加强导师队伍建设、优化学科课程结构、促进产学研协同发展、深化国际交流合作等举措推动研究生双创教育高质量发展。未来，需进一步加强研究生双创教育战略层与制度层的对接、坚持全面育人理念、强化学生主体地位、突出人才培养特色，使之更好地融入"双创"时代。

【关 键 词】"双一流"建设　研究生教育　双创教育

建设世界一流大学和一流学科（简称"双一流"）是党中央、国务院做出的重大战略决策，是中国高等教育领域继"211工程"和"985工程"之后的又一国家战略，是中国不懈追求世界一流大学的新尝试。2022年1月26

【基金项目】吉林大学2022年研究生教育教学改革研究项目"'双一流'建设背景下研究生双创教育高质量发展路径研究"（2022JGZ019）；吉林大学2021年课程思政"学科育人示范课程"项目"管理学"（SK2021034）；吉林大学2021年研究生"课程思政示范课"建设项目"高级运营管理"（2021SZ2Y23）；吉林大学本科教学改革研究项目"课堂派和BYOD支持下的《运营管理》课程教学改革"（1907）。

【作者简介】马丽娜，吉林大学商学与管理学院副教授，博士研究生导师，研究方向为绿色创新与战略管理、绿色运营与供应链管理、可持续发展。张雪，吉林大学商学与管理学院硕士研究生，研究方向为绿色运营与可持续发展、创新与战略管理。

日，教育部、财政部和国家发展改革委印发了《关于深入推进世界一流大学和一流学科建设的若干意见》，随后新一轮"双一流"建设高校及建设学科名单更新公布，标志着新一轮"双一流"建设的正式启动。从高等教育发展的逻辑来看，一流的研究生教育是"双一流"建设的核心要素，并对"双一流"建设起到重要支撑作用。[1]此外，我国的双创教育在2002年正式启动，在一系列政策和文件出台后，我国对高校人才的培养已经上升到国家战略发展的高度。[2]双创教育不仅是各大高校与政府、企业、科研机构协同发展的开端，也是创新培养科技型人才的重要方式。进入新发展阶段，我国研究生双创教育仍面临诸多问题，如人才培养模式需进一步创新、产学研协同培养机制有待完善、导师师德师风建设需持续加强等[3]，人才培养质量出现了滑坡。在"双一流"建设中，高校应进一步推动研究生双创教育的改革和发展[4]，注重提升教学质量和人才培养质量，服务国家战略，建设高质量研究生双创教育发展体系[5]，打造具有中国特色的研究生双创教育。

东北地区是我国重要的工业和农业基地，东北振兴问题受到党中央的高度重视。党的二十大报告提出了"推进东北全面振兴取得新突破"的要求。在科教振兴方向上，东北地区应加强科技创新与高层次人才培养，切实将人才优势转化为产业优势、发展优势。改革开放以来，东北地区共拥有4所985高校、11所211高校，入选新一轮"双一流"建设的高校有11所。东北高等教育不但具有良好的区位优势，也拥有较好的办学基础，但东北高等教育正面临原有优势减弱与新优势难以形成交织在一起的系统性问题，可能呈现整体衰落的趋势。[6]那么在这种环境下，东北地区高校应如何推进研究生双创教育的高质量发展？入选"双一流"建设的11所高校在研究生双创教育方面采取了哪些有效措施，未来还需在哪些方面改进？文章选取东北三省四所"双一流"建设高校为案例，采用文本分析、实地调研与深度访谈方法分析总结东北三省研究生双创教育高质量发展的有效路径，并提出未来的改进方向。

一 研究生双创教育高质量发展的逻辑意蕴

（一）服务贡献的逻辑起点

从历史上看，高等教育事关国家发展与民族振兴，且创新与创业已经成为高等教育不可或缺的重要元素。19世纪，德国洪堡创立了"柏林大学模式"，不仅使德国高等教育在世界舞台上大放光彩，还使德意志帝国在建立初始便成为欧洲科技实力强国，并开启了大国赶超和崛起的新征程。19世纪末到20世纪初，美国在西进运动中十分重视教育的发展，有明确的法律规定："城市建设要预留一定比例的土地作为教育保留地"。这一政策促使全球创新中心硅谷诞生，为美国的科技创新和经济发展做出了巨大贡献。而中国现代高等教育的发展可以追溯到1895年10月2日北洋大学的诞生。北洋大学是天津大学的前身，创立于民族危亡之际，一直秉承着"以兴学为手段，以强国为目标"的发展战略。"兴学强国"是中华民族伟大复兴的精神表征，是中国大学对自身使命的深刻认识，是对国家和社会的责任担当。教育优先满足国家发展需要以及国家优先发展教育已经成为我国改革开放以来教育蓬勃发展的秘密武器。[7]因此，高等教育在战略布局上应以国家发展目标为指引，将服务国家、奉献社会作为价值取向。

当今时代，研究生双创教育的高质量发展必须紧密围绕国家重大需求和科技前沿，紧抓"科教兴国"的战略要义。全球新一轮科技革命和产业变革正在孕育兴起，世界各国的技术创新更加密集，促使了元宇宙、智慧城市等新事物的涌现，为科技创新提供了巨大的上升空间。这对于我国来说，是难得的历史机遇，也是具有难度的挑战。习近平总书记多次强调，创新驱动实质上是人才驱动，研究生双创教育在世界重大变革和科技创新中发挥着重要作用。[8]因此，我国科技创新的崛起需要研究生双创教育把握战略主动权，瞄准国家和经济社会需求，聚焦科技产业的前沿领域。具体来说，首先，要加强国际交流，主动学习国际上先进的教育理论与方法，提升研究生双创教育的国际化水平。其次，要深入推进高等教育结构化改革，完善我国研究生双创教育学科专业体系与区域布局，服务新发展格局[9]，实现结构布局与服务需求的协调匹配。最后，要着力提升研究生的创新和实践能力，深化研究生双创教育培养模式创新，强化专业学位研究生的实践能力，实现人才培养与社会需要的精准对接，将战略落实到具体实践中来。

（二）协同发展的逻辑进路

研究生双创教育的高质量发展离不开政府、企业、学校的协同共进。党的二十大报告提出，要加强企业主导的产学研深度融合，强化目标导向，提高科技成果转化和产业化水平。而当前我国研究生双创教育领域的"协同"存在概念泛化和虚化的倾向，基于科教融合和产教融合的政校企协同发展并未落地，存在一定程度的口号化倾向。[10]因此，在研究生培养过程中，高校应深化教育与科研、实践的融合，走多元主体协同发展道路。

一是要发挥高校和科研机构的主力作用。一方面，要将研究生培养与科学研究结合起来。课程设置上应重视对研究生的科研训练，使学生掌握科学的研究方法，锻炼其科研能力。在教学过程中，教师应善于将科研成果转化为教学资源，将学术前沿发展情况及时补充到课程教学中[11]，使研究生了解相关研究领域的发展动态，激发学生的创新思维。另一方面，要积极与科研机构和产业合作，不仅可以通过双方协力解决企业难题、满足社会需求，还可以为研究生参与科研实践提供机会，提高学生的创新能力。

二是要发挥企业的主体作用。企业是产学研协同发展中重要的创新主体，通过市场将知识创新转化为技术创新。企业应在产学研协同发展中起到主导作用，将多元主体的优势与资源进行主动整合，创建共同参与、风险共担、合作互动和利益共享的协同创新机制。[12]此外，企业还应该加大科技创新投入力度，在为科研活动提供资金保障的同时，激发科研人员的创新主动性，推动科学技术的进步与生产力的提升。

三是要发挥政府的引导作用。政府能整合宏观资源、制定政策、优化创新体系，在产学研协同发展中发挥着重要的领导和协调作用。[13]政府可通过法律法规、行政管理、财政拨款、评估监控等方式强化对研究生双创教育的管控。首先，政府要制定健全相应的法律，完善相关政策，为科技创新成果和科研主体权益提供法律保障和政策支持。其次，要加大资金投入力度，为高校、科研机构、企业等主体提供财政保障，调动其合作积极性与创新主动性。最后，要立足于地区实际情况，充分借鉴国内外相关成功经验，完善产学研融合体系，深入改革协同创新机制。

（三）系统塑造的逻辑旨归

系统论认为，任何系统都是一个有机的整体，各要素之间相互协调，发挥各自作用，从而使系统的整体功能大于部分功能之和。将研究生双创教育的高质量发展看成一个"系统"，应加强资源整合，建立健全制度保障体系，深化全员参与，塑造出螺旋上升、动态、富有弹性的高质量发展系统。

资源整合为研究生双创教育高质量发展提供条件支持。随着研究生队伍规模的不断扩大，资源必然呈现稀缺的态势。这就要求在研究生双创教育发展的过程中，必须重视资源的整合与共享。[14]在资源数量一定的条件下，推进研究生双创教育高质量发展，必须做好人、财、物等有限资源的充分利用与整合，完善资源配置机制，充分调动外部资源，提高资源利用效率，从而为研究生双创教育高质量发展提供有力支撑。

制度建设为研究生双创教育高质量发展提供重要保障。对于高校而言，研究生双创教育质量保障制度是指针对培养过程的各个环节制定的相关制度，包括招生录取、课程建设、学术指导、学术训练、学位论文评审、弹性学制以及淘汰制度等。制度建设是研究生双创教育的基础所在，只有从研究生双创教育发展的各个环节建立完善的制度体系，才能使研究生双创教育有条不紊地进行，为全方位提高研究生双创教育发展质量奠定扎实的基础。

全员参与为研究生双创教育高质量发展提供不竭动力。研究生双创教育的高质量发展涉及政府、企业、高校、教研人员、学生等多元相关利益主体，需要各主体的深度参与和协调配合，特别是研究生导师的全力施教。研究生导师是研究生培养的直接实施者，导师队伍质量直接决定着人才培养质量。当前，我国研究生导师队伍还存在一些不足，包括导师队伍结构不尽合理、"学术休克"现象较为突出、部分导师的指导能力有待提升等。[9]在"双一流"建设背景下，我国研究生的教育发展应深化多元主体参与格局，注重导师队伍建设，不断提高人才培养层次。

二 研究设计

（一）研究方法

案例研究法是主要的社会科学研究方法之一，通过对现实中某一复杂且具体的现象进行深入和全面的考察，归纳出经验性结论。[15]该方法的重点不在于量的准确把握和严格要求，而是对现象透彻的"质"的体悟。[16]文章采用多案例研究法分析各高校研究生双创教育发展举措，归纳出具有客观性和普遍适应性的结论，使研究发现更加科学有效且具有推广性。

（二）案例选择

为了使研究科学可行，严格遵循以下标准选择案例高校。（1）案例高校为综合实力雄厚的著名大学，且为"双一流"建设高校，满足逐项复制原则。（2）案例高校的培养环境和举措存在一定的特色，满足差异复制原则。（3）案例高校在研究生双创教育高质量发展实践上具有代表性，具备丰富的研究生双创教育经验，已形成完善的教育体系。根据上述原则，最终选择了哈尔滨工业大学、吉林大学、大连理工大学、东北大学四所大学作为研究对象。

（三）数据收集

案例资料的收集遵循"证据三角形"原则。首先，通过各案例高校的官方网站、研究生院网站、招生就业网等获取相关文本信息，了解各高校研究生双创教育发展措施和发展现状。其次，为了使数据收集更具完整性和及时性，收集公开的微博、贴吧、文献、宣传报道、会议产出等相关信息加以分析。最后，对四所学校的研究生双创教育发展情况进行实地调研与深度访谈，既可以验证前期收集到的数据的可靠性，还能直接获取更多权威资料，从而更加全面、深入地了解其研究生双创教育高质量发展的特色与具体实践。

三　东北三省研究生双创教育高质量发展路径分析

（一）筑牢基石：完善制度保障体系助力研究生双创教育

制度是对行为的规范和约束，完善的制度安排和体系建设能使头脑中的创新和激情落地转化为实践，就像夸美纽斯所说的："制度才是一切的灵魂。通过它，一切产生、生长和发展，并达到完美的程度。"[17]健全的制度和保障体系可以使研究生双创教育更加规范可行，为研究生双创教育高质量发展奠定坚实的基础。

吉林大学在研究生培养、奖助、课程建设、监督管理等方面制定了全方位制度体系，现行的相关文件包括《吉林大学研究生出国（境）管理规定》《吉林大学研究生违反学术道德规范行为处理办法》《吉林大学研究生管理规定》《吉林大学研究生核心课程体系建设项目实施办法》《吉林大学研究生学术业绩奖学金评定暂行办法》等，使得研究生培养有章可依、有法可循。

哈尔滨工业大学在研究生培养过程中不断探索，逐步建立并完善了全方位研究生双创教育保障体系，其研究生双创教育课程体系建设尤具特色。哈尔滨工业大学为充分借鉴国际高水平大学在研究生教学中的经验，实施了"与国际高水平学者共建研究生课程"项目，请国际知名学者讲授研究生课程，使研究生能面对面聆听国外大师先进的教学理念、学科前沿知识，并组织青年教师跟随国外学者随堂听课，进一步提高师资水平。

大连理工大学在研究生教学培养管理以及招生制度建设上值得其他各高校借鉴。在教学培养管理方面，学校成立了研究生教学督导组作为研究生教学督导和决策咨询机构，对研究生的教学活动全过程进行监督、检查、评估和指导，并为研究生教学改革与创新提供咨询和决策服务。在招生制度建设方面，学校出台了招生名额激励政策，构建多维度立体化招生宣传体系，组织接收推免生集中现场办公，全力争取优质生源，促使研究生优质生源总体增加。

东北大学鼓励先进，树立典型，不断完善奖助体系，引导研究生勤于学习、善于科研、甘于奉献。制定了《东北大学研究生奖励细则》，对研究生个人的表彰和奖励涵盖授予荣誉称号、颁发奖学金等多种形式。

（二）师资力量：加强导师队伍建设助推研究生双创教育

学高为师，身正为范。导师是研究生高质量教育的直接实施者，研究生双创教育的质量和水平在很大程度上取决于导师队伍建设水平。[18]在"双一流"建设背景下，要想推动研究生双创教育高质量发展，培养德才兼备的高层次人才，必须大力加强导师队伍建设这一重要基石。

哈尔滨工业大学不断加强导师队伍建设，具有严格的研究生导师资格审核标准与程序，印发了《哈尔滨工业大学关于研究生指导教师立德树人职责的规定》，对研究生导师德育育人、学业指导、学风建设、招生与管理、岗位纪律等方面做出了详细规定。在导师遴选和招生计划申报审核中，把导师履行对学生思想政治教育责任及成效作为必要条件，并将之与导师的招生资格和招生指标等挂钩。加强新聘导师培训，完善导师定期培训与交流制度，增强导师的立德树人意识和提升导师的思想政治育人能力。完善导师履职的激励约束机制，严格执行《哈尔滨工业大学教职工师德"一票否决制"实施办法》。

吉林大学实施了高层次导师队伍建设计划。在导师政治素质审核方面，建立了导师岗前谈话、学术成果思想政治审核制度，保证导师坚持正确的政治方向；在师德师风方面，持续开展"四德三坛"系列主题活动，并积极开展督学检查，全面落实对导师"立德树人"岗位职责履职情况的考核；在科学研究审核条件的制定方面，鼓励各学科实行代表作制度，加入具有本学科鲜明特色的学术考核指标；在育人成效方面，设立研究生招生资格审核"育人成效"申报渠道，实现以育人成效作为研究生导师选聘条件的目标。截至2022年4月，吉林大学累计聘任"唐敖学者"771人，占研究生导师总数的21%、占博士研究生导师总数的43%，进一步提升了高层次人才比例。

大连理工大学推动导师评聘制度改革，建立健全导师培训体系。出台实施《大连理工大学研究生指导教师工作导则》，从制度上打破导师"终身制"。通过研究生导师招生资格年度动态审核、研究生与导师双向选择等举措，强化导师岗位属性职责，实现导师评聘分离，保证导师队伍活力。制定了《大连理工大学研究生导师培训管理办法》，在导师沙龙等培训基础上，建立"学校主导-部院主责-全员参与"的研究生导师培训体系，构建导师培训工作校院两级良性互动机制。近 5 年累计培训在岗导师一万余人次，首批评选 5 支校级优秀导师团队，有效助力落实导师育人职责，导师队伍建设成果获评 2022 年辽宁省研究生教育教学成果奖特等奖。

东北大学不断强化研究生导师管理，深化博士研究生培养机制改革，出台《东北大学实施申请招收博士生教师认定制改革管理办法》，打破博导终身制，对招收培养博士研究生的教师进行动态管理。东北大学每年组织全体导师开展培训以及优秀导师评选活动，充分展现研究生导师教书育人的先进事迹，强化优秀导师的引领示范作用。

（三）知识之核：优化学科课程结构引领研究生双创教育

学科专业结构是人才供给侧与经济社会需求侧相结合的关键点，直接反映了国家科技发展体系和人才培养需求。2021 年 1 月，教育部部长陈宝生指出："深化教育领域供给侧结构性改革，优化学科专业结构，加快理工农医类专业紧缺人才培养，厚植人才优势。"[19]随着新时代科技的快速发展，国家经济社会发展面临新的挑战，加快研究生双创教育学科专业结构调整升级刻不容缓。

哈尔滨工业大学聚焦重大科学问题和关键领域，积极培育交叉学科门类的学位授权点，印发了《哈尔滨工业大学交叉学科设置及其研究生培养管理规定》，对交叉学科的学位授权点设置与管理、研究生导师资格与招生计划审核、研究生培养基本要求等方面做出了详细规定，并设立了交叉学科委员会来开展相关工作。

吉林大学研究生双创教育的学科门类齐全，涵盖哲学、经济学、法学、理学、农学、交叉学科等 13 大学科门类。开展了"吉林大学博士研究生交叉学科科研资助计划"，以项目管理的方式，重点资助在校博士研究生在交叉学科领域从事研究工作，促进学科交叉与融合，培养高层次复合型人才。并成立"研究生学科交叉融合学术交流中心"，聘请部分院士、资深教授为顾问。2021 年，批准研究生学科交叉融合学术交流分中心建设项目 17 项，投入经费 84.5 万元，开展学术活动 38 期，建设研究生学术交流中心场所 5 个，为研究生开展学术交流活动提供了有力支撑。

大连理工大学面向国家重大战略，瞄准科技前沿和"卡脖子"关键领域，设置并实施多项关键领域急需高层次人才培养专项招生计划，获批国家科研博士招生试点和工程硕博士改革培养专项试点资格。建立健全研究生课程体系，加大课程和教材建设支持力度，规范课程和教材常态化检查要求。通过研究生教学改革项目和精品教材建设，打造了以54门校管平台课和全英文课程为代表的精品示范课程群，以及以40本精品教材为代表的优秀教材，有效夯实研究生知识基础。

东北大学始终坚持"四个面向"，聚焦国家新型工业化和工业智能领域重大需求，重点围绕"控制科学与工程""冶金工业流程"两大学科群优化培养方案，以医工结合为突破点，推进生物学、生物医学工程学科与信息、材料等学科的交叉融合，实现生命健康领域新突破。依托"双一流"建设和研究生双创教育质量工程项目，重点建设50本精品教材和50门研究生专业骨干课程。学校先后获辽宁省普通高等教育教学成果奖10项，7部研究生教材入选首届辽宁省教材建设奖。

此外，要认识到思政课程的重要地位，坚定"立德树人"的教育理念。"立德树人"既是中华传统教育思想，又是新时代中国特色社会主义的现实要求，是具有中国特色的教育理念。

哈尔滨工业大学创建了思政课教师、校领导、学生共建思政课程的"三点共进"教学设计，即以教学内容为原点，以实践教学为支点，以学生自身为基点协同共进。哈尔滨工业大学于2020年春季学期进行的"研究生思想学习生活状况调研"报告显示，大部分研究生对思想政治理论课的评价较高，认同教师和学生作为双主体对于思想政治理论课的提升都具有重要的作用。

吉林大学全面推进思政课程和课程思政建设工作，启动"研究生思政课青年教师培育计划"，开展研究生"课程思政示范课"建设项目立项工作，开展研究生"课程思政工作坊"系列活动，积极探索课程思政的建设路径，搭建课程思政建设交流平台。

大连理工大学注重发挥课程育人功能，在全校范围内启动10门研究生课程思政示范课和100门研究生课程思政教育先导课建设工作，组织全体研究生任课教师参加课程思政教学能力培训，实现各专业课程思政建设和全体教师培训"两个全覆盖",有效做好对研究生的思想引领。

东北大学聚焦"高层次、高质量、高水平"的人才培养理念,推进研究生课程思政体系建设。以"高层次"为引领,制订了"思业融合燎原计划",并组建"课程思政教学研究中心"。以"高质量"为要求,建立课程思政双向督导评价体系。以"高水平"为目标,制定了"课程思政建设指导纲要",并组织开展研究生"创客学堂"、"薪火"博士研究生学术沙龙等活动。近年来,东北大学入选教育部"蓝火计划"的博士研究生数连续排名全国高校第一。

(四)创新引擎:促进产学研协同发展推动研究生双创教育

2020年12月18日,教育部印发的《教育部科学技术委员会章程》指出,要"面向教育强国和人才强国建设,促进高等学校落实立德树人根本任务,推动科教融合、产教融合,加快教育结构、学科专业结构和人才培养结构优化适应新发展格局"。深化科教融合与产教融合可以通过创新培养模式和整合资源来提高研究生的科研能力、实践能力和解决问题的能力,推动高层次人才培养质量不断提升。

推动科教融合,着力提升研究生的科研创新水平。研究生双创教育高质量发展,要以教育推进科学,以科学引领教育,使创新链与知识链融会贯通。[20]对于学术型研究生而言,要积极推进科教融合,通过系统的课程学习和科研训练掌握科学研究方法,形成严谨的科研态度,培养和提高科学探索精神和科研创新能力。

哈尔滨工业大学提出并践行"树立高理想、钻研真问题、塑造高规格、锤炼真功夫"的卓越工程师培养理念,创建了"大师(master)引领+大项目(major project)驱动+多源(multi source)协同"(简称"3M")的航天领域新时代卓越工程师培养模式,建立了11个多学科融合的高水平科研育人基地,聘请以余梦伦和魏毅寅院士为代表的100余位航天总师担任导师,组建理工结合的"大师+多学科导师+研究生"科研团队,指导研究生从航天重要型号任务中自主凝练学位论文选题,将科研优势转化为人才培养优势。其研究生创新能力显著提升,获中国国际"互联网+"大学生创新创业大赛金奖和中国专利金奖等一大批创新成果奖项。

吉林大学为加强研究生双创教育交流，活跃研究生学术思想，特制定了《吉林大学资助研究生参加国内学术交流项目实施办法》，还设立了"博士研究生杰出人才培育资助计划"，为博士研究生开展高水平科学研究和创新研究提供有力保障，进一步促进博士研究生培养质量的提高。

大连理工大学注重挖掘和表彰研究生中的学术科研先进典型，鼓励支持德才兼备、学术成果较好、研究方向聚焦国家重大战略发展需求的优秀研究生开展科研工作，并制定了《大连理工大学研究生"学术之星"评审办法（试行）》。此外，持续推进"优秀论文工程"，科学完善选拔机制，按理工文法等不同学科门类分别答辩和推优。分别产出辽宁省优秀博士学位论文60篇，辽宁省优秀硕士学位论文129篇。

东北大学突出研究能力建设，坚持高水平科技自立自强。建立了问题导向、目标驱动的科教融合育人新模式，促进研究生培养与科学研究、技术攻关的"一体化"。实施了"创新团队建设工程"，涵盖深地深海、人工智能、高端装备、新材料等国家重点研究方向。"十三五"时期以来，东北大学共荣获国家科学技术奖励14项，拥有多项科技创新成果。

坚持产教融合，促进科研学习与应用实践相结合。工业4.0时代的到来对人才培养模式提出了新的要求，以校内培养为主的培养模式已经不能满足高层次人才培养需求。[11]区别于学术型研究生，专业型研究生的培养更加重视解决实际问题的能力。高校应及时对照国家政策标准，完善专业型研究生实习实践制度体系，不断创新实习实践形式。[21]

哈尔滨工业大学提出大师引领"融航天精神传承于工程创新实践"的感悟式德才并举教育方法，建立了6个研究生校企联合培养基地，打造了"藤蔓式多源协同"的跨学科育人大平台，构建了航天重大项目驱动的"多学科导师团队+学生自主选题"的产学研融合培养模式，快速响应航天领域国家急需高层次人才培养需求。近5年，哈尔滨工业大学毕业生到航天国防企业就业的人数增长了64.6%。

吉林大学重视研究生分类培养，开展专业学位研究生双创教育改革，建立了"行业前沿课为认知引导—校内实验平台的实验技能训练—校外实践基地建设为实战应用"的研究生实践创新能力培养体系，投入资源拓展建设校内外实践平台和基地，聘请了具有丰富行业产业工作经验的校外导师队伍，有效推动了产教融合培养。截至2022年，吉林大学已有21个省级研究生工作站、2个国家级学科示范基地、11个辽宁省专业学位研究生联合培养示范基地。

大连理工大学积极推动专业学位研究生校企联合培养，建设联合培养实践基地，不断加大校企合作深度。在校企联合培养质量保障方面，大连理工大学每三年对实践基地进行一次严格评估与检查，根据评估结果整改基地建设，甚至取消基地资格，有效提高了基地建设质量，从而提高了研究生培养效率。

东北大学积极发挥冶金、材料、信息等领域的学科优势，加强与宝马集团、东软集团等高端企事业单位的人才培养合作，充分发挥行业领域的资源、研发、实践优势，建立联合培养研究生机制。通过学校导师与现场专家融合、学生与企业工程技术人员融合、教学设备与生产及科研设备融合、教学场地与工业现场融合，强化研究生培养目标的职业性、培养过程的实践性以及培养内容的领域性。

（五）连接全球：深化国际交流合作成就研究生双创教育

随着国家发展战略中心的转移，强化高校研究生双创教育的国际化意识、提升高校双创教育的国际化水平已经成为教育满足国家发展需求的必然选择。[22]我国的研究生双创教育国际化发展起步较晚[23]，有效提高新时代研究生双创教育的国际化水平是东北地区乃至全国高校所面临的挑战。高校应该学习国内外的成功经验，并从自身实际情况出发，趋利避害，制定科学的发展策略。

哈尔滨工业大学开展了国家公派留学、研究生国外访学研修计划、优秀博士研究生国际交流计划等多项国际合作项目，鼓励导师资助或学生自行联系出国（境）开展学术交流、参加国际会议、短期访问、实习实践等活动。此外，还建立了"微纳卫星创新工场"，牵头近20个国家40余所大学组建学生科技创新联盟，突破航天技术的国际壁垒，促进研究生的国际交流，培养研究生的工程领军和国际化协同攻关能力。

吉林大学不断加大研究生国内外学术交流资助力度，以拓宽研究生的学术视野，提高研究生的创新与学术交流能力。此外，积极搭建高质量学术交流平台，举办博士研究生国际学术论坛、研究生"精英杯"学术成果大奖赛等活动，选树具有代表性的研究生科研典型，为研究生的学术交流提供高质量平台。

大连理工大学积极开展研究生国际化联合培养改革试点工作，强化以创新型人才培养项目为平台，以全英文课程体系为核心的研究生国际化联合培养体系。截至2023年，学校国家留学基金委创新型人才培养项目已达21个，获批数量位居全国高校前列。通过国家高水平公派项目录取并派出联合培养博士研究生500余人，与香港城市大学、澳大利亚麦考瑞大学等高校开展联合培养双学位研究生近20人，多名学生通过双方答辩获得博士双学位。

东北大学始终坚持开放办学，通过实施STEEM计划，从科学（S）、技术（T）、工程（E）、教育（E）和管理（M）五个维度来开展世界一流大学、一流学科、一流人才的专题和国别区域研究，跟踪全球高等教育最新动态和发展趋势，引入全球先进的高等教育国际化工作理念和创新做法，拓宽交流渠道，创新合作模式，推进实质合作，深化合作关系，更全方位、更宽领域、更多层次、更加主动地加快和扩大学校对外开放发展，主动服务并支撑学校一流大学建设。

四 "双一流"建设背景下研究生双创教育高质量发展展望

研究表明，东北三省研究生双创教育的高质量发展已具有较为成熟的举措。但是，在新的国际形势与时代背景下，"双一流"建设对研究生双创教育提出了新挑战。首先，我国科技实力相对薄弱。《2017～2018年度全球竞争力报告》显示，我国的全球竞争力居于第28位。由此可见，我国的科技发展已经获得了显著的成就，但在关键技术领域仍面临一些难题，有很大的上升空间。其次，研究生群体的就业优势逐渐减弱。研究生"高不成、低不就"的就业趋势表现明显[24]，高学历但无法就业的案例不在少数。此外，学生的满意度有待提升。教育应该遵循以人为本的原则，重视学生的主体地位，满足学生的个性化需求。激发学生的学习热情与创新思维是研究生双创教育高质量发展的重点所在，不可忽视学生的主体性。

综上，我国研究生双创教育高质量发展面临诸多挑战，在"双一流"建设的推动下，需进一步建立健全高质量的研究生人才培养体系，提升研究生双创教育的人才培养质量。在已有研究生双创教育高质量发展路径框架的基础上，东北三省研究生双创教育需要在以下几个方面进一步加强。

第一，加强研究生双创教育战略层与制度层的对接。研究生双创教育高质量发展的战略目标应通过科学系统的层层分解，最终落实到每一位学生身上。在这中间，研究生双创教育管理的制度保障体系尤为重要，如招生制度、选课制度、奖惩淘汰制度等，这与研究生双创教育高质量发展息息相关。高校可充分借鉴国内外高校在研究生双创教育制度管理方面的成功经验，使研究生双创教育高质量发展目标与制度建设环环相扣。

第二，坚持全面育人理念，这里的"全面"包括全员、全程以及全方位。研究生双创教育涉及方方面面，需要在研究生培养过程中全面考虑，尤其是要注重师德师风建设。高校可通过完善导师激励约束制度、提高导师培训质量与效率、改革教研人员评价考核制度等方式，打造高素质专业化创新型研究生教师队伍。

第三，强化学生主体地位，优化学生体验。学生是学习的主体，只有充分调动研究生科研创新与实践的积极性和自主性，才能从本质上不断提高研究生培养质量。高校可通过加强思想教育引领、完善基础设施保障、加大奖助力度、严格学生"进出口"控制等方式提高学生满意度，让学生享受学习与科研的过程，使其主观能动性得到充分发挥，避免"混文凭"现象的出现。

第四，进一步突出人才培养特色，培养国家需要的有用人才。在我国研究生的培养过程中，高校应将高质量发展目标立足于全局，从国家及社会需求出发，结合自身区域特征、科技实力等实际情况，有针对性地培养高质量的多样化人才。

五 结语

通过分析东北三省四所高校研究生双创教育高质量发展的相关举措，能够看出四所高校的研究生双创教育均立足于高质量发展的目标。完善制度保障体系、加强导师队伍建设、优化学科课程结构、促进产学研协同发展、深化国际交流合作是促进研究生双创教育高质量发展的有效路径。这一整体路径体现了全面质量管理的内涵。全面质量管理之父——费根鲍姆,对全面质量管理的定义是:"通过有效地系统整合组织内各单位的质量管理、质量维护和质量改进工作,实现最具经济效益的生产和服务,取得全面的顾客满意。"[25]全面质量管理要求组织具备全面参与的格局以及持续改进的管理方式。而研究生双创教育的全面质量管理应从自身实际出发,将高质量发展理念贯穿于研究生双创教育的全过程、全方位,使研究生双创教育发展体系能够适应社会需求、满足人民需要。[26]若要使这一路径能够科学、和谐、持续地实施,就需要"全员"参与,这里的"全员"参与是指国家政策的支持、社会企业的配合、校内人员包括学生的积极响应。

参考文献

[1] 耿有权. "双一流"建设视域中的研究生双创教育[J]. 学位与研究生双创教育, 2016 (8): 1-5.

[2] 严莹, 闫涛. 基于协同学理论的高校双创教育协同机制分析[J]. 高教探索, 2023 (1): 108-113.

[3] 何秀超. 努力创建研究生双创教育评估体系 全面提升研究生人才培养质量[J]. 学位与研究生双创教育, 2018 (11): 4.

[4] 周玉清, 黄欢, 付鸿飞. 以"双一流"建设引领研究生双创教育的改革与发展——"双一流"建设高端论坛综述[J]. 研究生双创教育研究, 2016 (3): 1-6.

[5] 张应强, 姜远谋. 超大规模的高等教育普及化: 时代背景、现实挑战和道路选择[J]. 高等教育研究, 2022 (8): 1-28.

[6] 刘国瑞. 东北高等教育的现实困境: 演进、致因与思考[J]. 高等教育研究, 2021 (9): 5-16.

[7] 袁振国. 双优先: 教育现代化的中国模式——为改革开放四十周年而作[J]. 华东师范大学学报(教育科学版), 2018 (4): 1-17.

[8] 黄宝印，黄海军．加快发展高质量研究生双创教育战略意义的认识与思考［J］．中国高教研究，2020（4）：37-43．

[9] 林蕙青，管培俊，张军，等．推动高等教育高质量发展 全面支撑中国式现代化建设（笔谈）（之二）［J］．中国高教研究，2022（12）：1-10．

[10] 王战军，常琅，张泽慧．研究生双创教育高质量发展：时代背景、逻辑意蕴和路径选择［J］．学位与研究生双创教育，2022（2）：8-15．

[11] 刘国瑜．论世界一流学科建设与研究生双创教育高质量发展的协同推进［J］．研究生双创教育研究，2019（5）：21-25．

[12] 原长弘，张树满．以企业为主体的产学研协同创新：管理框架构建［J］．科研管理，2019，40（10）：184-192．

[13] 陈劲．协同创新［M］．杭州：浙江大学出版社，2012．

[14] 侯军．从数量扩张到质量保障：研究生双创教育质量的完善与提升［J］．当代教育科学，2020（3）：88-91．

[15] 孙海法，刘运国，方琳．案例研究的方法论［J］．科研管理，2004（2）：107-112．

[16] 孙玉忠，荣梦瑶．案例研究法文献综述［J］．合作经济与科技，2021（17）：140-141．

[17] 任钟印选编．夸美纽斯教育论著选［M］．任宝祥等译．北京：人民教育出版社，1990：242．

[18] 翁铁慧．全面落实全国研究生双创教育会议精神 推进新时代研究生双创教育高质量发展——在2020年省级学位委员会工作会议上的讲话［J］．学位与研究生双创教育，2020（11）：1-6．

[19] 陈宝生．建设高质量教育体系 加快建成教育强国［J］．旗帜，2020（12）：8-10．

[20] 马永红，张飞龙，刘润泽．广义科教融合：研究生双创教育的本质回归及实现路径［J］．清华大学教育研究，2022（4）：60-70．

[21] 师悦，汪霞．专业学位硕士研究生需要什么样的培养环境——基于硕士生意见调查的实证研究［J］．中国高教研究，2021（11）：35-41．

[22] Vestal B T M. *International Education：Its History and Promise for Today*［M］．Preager Publishers，1994．

[23] 孟德龙，张艳芳，甘敏，尹华群．"双一流"建设背景下研究生双创教育国际化的调研［J］．产业与科技论坛，2022，1（9）：87-89．

[24] 付玉媛，周楠．论研究生双创教育高质量发展与"双一流"建设的协同推进［J］．山东高等教育，2021（2）：58-63．

[25] 格雷戈里·沃森. 全面质量管理之父：阿曼德·费根鲍姆（上）[J]. 栗志敏译. 上海质量，2015（10）：23−26.

[26] 张晋，王嘉毅. 高等教育高质量发展的时代内涵与实践路径[J]. 中国高教研究，2021（9）：25−30.

Research on the High-quality Development Path of Postgraduate Innovation and Entrepreneurship Education under the Background of "Double First-class" Construction

Ma Lina, Zhang Xue

Abstract：High-quality postgraduate innovation and entrepreneurship education is the core of the "Double First-class" construction. It should take service and contribution as the logical starting point, synergistic development as the logical approach, and systematic shaping as the logical goal. Starting from the perspective of innovation and entrepreneurship, this article, based on four universities which participating in the "Double First-class" construction in the three provinces of Northeast China, explores the development path of postgraduate innovation and entrepreneurship education through text analysis, on-site research, and in-depth interview. The research indicates that universities promote the high-quality development of postgraduate innovation and entrepreneurship education through measures such as improving the institutional guarantee system, strengthening the construction of mentor teams, optimizing the structure of disciplines and courses, promoting the coordinated development of industry, academia, and research, and deepening international exchanges and cooperation. In the future, it is necessary to further strengthen the integration between the strategic and institutional layers of postgraduate innovation and entrepreneurship education, adhere to the concept of comprehensive education, enhance the status of students, highlight the characteristics of talent development, and better integrate them into the era of innovation and entrepreneurship.

Keywords: "Double First-class" Construction; Postgraduate Education; Innovation and Entrepreneurship Education

创业教育会提升大学生创业质量吗？

徐雪娇 吴 优

【摘 要】本文基于胜任力理论和计划行为理论，构建创业教育影响大学生创业质量的双重中介效应模型。通过收集六省 123 份大学生调查问卷数据，进行实证分析。结果表明：创业教育对大学生创业质量具有正向影响；创业胜任力在创业教育和大学生创业质量的关系中起部分中介作用；创业意愿在创业教育和大学生创业质量的关系中起部分中介作用。研究结论为创业教育的有效性提供了依据，有助于完善国家创业教育生态系统建设，带动大学生创业质量提升，促进大学生创业高质量发展，助推国家"双创"战略实施。

【关键词】创业教育 创业质量 创业胜任力 创业意愿

我国经济已经从高速增长转向高质量发展，各行各业均随之步入高质量发展阶段。高质量发展离不开创新创业的支持。当前，我国比任何时候都更加需要各行各业开展高质量的创业活动。《国务院关于推动创新创业高质量发展 打造"双创"升级版的意见》指出：进一步增强创业带动就业能力和科技创新能力，推动我国经济高质量发展。在我国众多创业主体中，大学生始终是生力军，因此大学生创业质量的提升是实现高质量创业的重要途径。那么，如何提升大学生创业质量呢？大量研究表明，创业教育有助于培养大学生的创业认知

【基金项目】吉林省教育厅科学研究项目"基于生态位理论的吉林省高校创新创业教育协同育人模式研究"（JJKH20210079SK）；吉林省教育科学"十四五"规划课题"新发展理念下吉林省高校'双创'教育高质量发展研究"（GH22744）；吉林市社会科学基金项目"吉林市创新创业高质量发展路径研究"（2217）；北华大学研究生教育教学改革研究与实践项目"新商科背景下工商管理类研究生创新创业教育课程改革研究"（22）。

【作者简介】徐雪娇，北华大学经济管理学院讲师，硕士研究生导师，研究方向为创新与创业管理。吴优，北华大学经济管理学院硕士研究生，研究方向为创新与创业管理。

能力，如创业态度、创业自我效能感和创业意愿。[1]虽然许多学者认同创业教育对创业认知因素产生影响，但是现有研究大多停留在理论分析阶段，采用实证分析方法检验创业教育有效性的研究屈指可数。同时，似乎很少有学者关注创业教育是否能够真正驱动创业质量的提升。当前，我国政府大力推动创新创业，国内各大高校纷纷开展创业教育。在高质量发展背景下，创业教育能够有效促进大学生创业质量的提升吗？其作用机理如何？是否存在传导媒介？这些问题十分值得我们进一步研究。

根据胜任力理论，胜任力是个体取得成果的重要支撑因素。而接受创业教育是大学生获得创业胜任力的重要途径。创业教育的主要目标在于开发学生的创业思维能力[2]，提高创业者寻求、识别和筛选创业机会的能力[3]。由此可见，创业胜任力可能在创业教育取得成效的过程中起着重要作用。同时，创业教育有助于培养大学生的创业认知能力，如创业意愿等[4]。但是，已有研究很少关注创业胜任力和创业意愿在大学生创业质量提升中的重要作用。鉴于此，本文整合胜任力理论和计划行为理论，构建双重中介效应模型，为创业教育的有效性提供了依据，有助于完善国家创业教育生态系统建设，带动大学生创业质量提升，促进大学生创业高质量发展，助推国家"双创"战略实施。

一　理论分析与研究假设

（一）创业教育与大学生创业质量

创业质量的获得要求创业者具有创业知识、技能以及一定的创业资源，因此，大学生创业质量受到诸多因素的影响，如创业教育。高校创业教育的目的正是向学生提供一切资源、信息和知识，促进大学生高质量地开展创新创业活动。高校的创业教育不仅为大学生提供课堂上的创业理论传授，还包括创业孵化园、创业平台、创新创业竞赛等实践资源或机会，因而为大学生创业质量的提升提供了有力支撑。同时，一些高校邀请校友企业家、创新创业领域专家向学生授课，在为学生提供创业知识的同时，也能够为学生提供一定的创业资源[5]。Piperopoulos和Dimov将高校的创业教育区分为理论型和实践型两种。[6]

其中，理论型创业教育的主要方式是课堂教学，为学生提供商业计划书、企业创建流程、企业管理、财务分析、营销调研、资源整合、商业模式等理论知识，使他们能够拥有捕捉商机并创建企业的能力，使之能够高质量地开展创业活动，并取得较好的创业绩效。实践型创业教育的重点则是通过创新创业竞赛、案例教学、模拟经营等方式让学生身临其境地体验创业过程，帮助学生积累创业经验，使得学生提前感知创业风险，并攻坚克难，最终提升创业质量。同时，实践型创业教育不仅能够通过创新创业实践提升大学生的市场分析能力，同时也使之能够有机会与风投、企业家等优质人脉开展交流，获得实用的创业指导，帮助他们积累初始创业资源，为开展高质量创业活动提供资源支撑。因此，本文提出以下假设：

H1：创业教育有助于提升大学生创业质量。

（二）创业胜任力的中介作用

自出现以来，胜任力概念被广泛应用到经济管理等各个领域。Chandler 和 Hanks 首次将该概念引入创业领域，并提出创业胜任力概念：创业胜任力是创业者的核心能力，是创业者识别并有效利用商机的能力。[7]随着创业胜任力研究的不断深入，创业胜任力的结构也不断得到完善。毛翠云和王世坤从多个方面进行解析，包括创业潜质、创业知识和认知、创业机会和资源的利用等。[8]根据创业过程理论，创业是具有风险性的动态过程。大学生要开展创业活动，必然面临诸多挑战，而创业胜任力则成为他们实现高质量创业的必备特征。然而，创业胜任力并非与生俱来，而是可以通过后天习得。[9]接受创业教育是大学生获得创业胜任力的重要途径之一。一些研究发现，在学校接受创业教育是影响大学生创业胜任力的重要因素。也有一些基于大学生创业者的研究发现，高校创业教育与创业政策、创业特质一同影响大学生创业者的创业胜任力。研究认为，无论是创业教育课程，还是创业实践平台，都会对大学生的创业胜任力产生重要影响。

创业胜任力聚焦从事创业工作必需的知识和技能，能够支持和帮助创业者发掘市场机会,进而获得创业活动的回报。大学生创业胜任力的提升有助于他们把握市场趋势,开发新产品和新服务,进而将创业教育习得的知识转化为创业实践,推动创业活动的展开,提升创业质量。[10]较高的创业胜任力,也能够促使创业者在战略管理、利益相关群体管理以及资源整合上具有更强的优势,促使他们开展高质量创业活动。同时,较高的胜任力往往意味着创业者在市场分析和预测、捕捉商机、商务谈判、项目运营、管理沟通等多个方面具有较高水平的知识和技能[11],而这些知识和技能为大学生创业质量的提升提供了有力支撑。由此可见,在创业教育的推动下,大学生创业胜任力得到有效提升,而创业胜任力的提高将进一步促进大学生创业质量的提升。因此,本文提出以下假设:

H2:创业胜任力在创业教育与大学生创业质量之间起中介作用。

(三) 创业意愿的中介作用

创业教育是旨在增强学生创业态度和能力的所有教学过程的总称。在创业教育发展的不同阶段,其目标存在一定差异。根据面向的特定受众,创业教育具有多种类型。例如,为尚无创业经验的学生提供教育,目的是培养学生的创业技能,增强其创业意愿,并帮助他们选择职业。大多数高校创业教育旨在增强潜在创业者的创业意识或意愿。[12]创业意愿是指产生创业行为或开展创业活动的意图。[13]Uwameiye 和 Uwameiye 研究发现,创业教育可以对学生的创业意愿产生显著影响。[14]这是由于,接受创业教育使得学生对创业可行性的感知得到增强,进而创业意愿增强。在不断接受创业教育的过程中,学生对创业的信心大幅度提升,因而更愿意去从事创业活动。[15]由此可见,学生的创业意愿可以通过接受创业教育得到增强。

创业意愿较强的个体往往更愿意学习创业知识,注重自身创业技能的提升,积极采取创业行动,开展创业实践,为了创业活动的有效性努力付出。因此,创业意愿往往能够影响创业者创业活动的结果,促使他们为了实现创业梦想而奋斗,直至创业成功[16]。通常而言,创业者的创业意愿越强烈,他们在创业企业运营中的内驱力就越强，在创业活动中的表现也就越优秀，从而越易于取得较好的创业质量。[17]研究认为，创业意愿越强烈，大学生获得创业绩效的可能性便越大。这是由于，创业意愿强烈的大学生开展创业活动的可能性更大，因而他们更有可能实现高质量创业。由此可见，创业教育能够积极促进大学生创业意愿的增强，而创业意愿强烈的大学生从事创业活动进而实现高质量创业的概率也会更高。因此，本文提出以下假设：

H3：创业意愿在创业教育与大学生创业质量之间起中介作用。

本文根据胜任力理论与计划行为理论，构建理论模型，具体如图1所示。

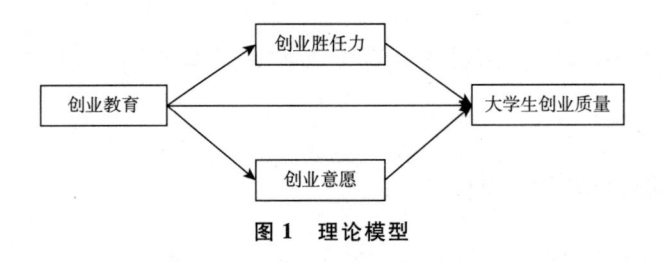

图1　理论模型

二　研究设计

（一）样本选取与数据来源

本文的研究对象是大学生创业者。在正式调研之前，笔者所在课题组在吉林省进行了预调研，并基于预调研结果调整问卷题项，之后正式发放问卷。正式调研区域涵盖我国东中西部地区，在东部沿海地区选择了江苏省、浙江省，中部地区选择了湖南省、河南省，西部地区选择了青海省和甘肃省。正式问卷收集于2023年7月开始，2023年9月结束，历时3个月。共发放问卷600份，回收问卷139份，剔除无效问卷16份，最后回收有效问卷123份。样本的描述性统计分析结果如表1所示。

表 1 样本的构成分布

类别	分类指标	频数（个）	频率（%）
性别	男	63	51.22
	女	60	48.78
年龄	18~24 岁	22	17.89
	25~30 岁	39	31.71
	31~35 岁	36	29.27
	36 岁及以上	26	21.14
父母是否为创业者	是	54	43.90
	否	69	56.10
正式调研区域	江苏省	20	16.26
	浙江省	16	13.01
	湖南省	19	15.45
	河南省	24	19.51
	青海省	25	20.33
	甘肃省	19	15.45

（二）变量测量

本文采用成熟量表测量各变量。其中，对创业教育的测量借鉴了 Franke 和 Lüthje 的研究[18]，包括"你所在的学校积极支持学生创建新企业""你所在的学校为学生提供创业咨询"等 6 个题项；创业质量量表借鉴了罗竖元的研究[19]，包含"创业的投资规模""创业年纯利润"等 6 个题项；对创业胜任力的测量借鉴了毛翠云和王世坤的研究[8]，从潜质、技能和知识等方面进行，并在此基础上进行了修正，包括 12 个题项；对创业意愿的测量借鉴了 Linan 的研究[4]，并结合本文研究实际做了修正，包括"你将为开展创业付出最大努力"等 3 个题项。所有变量采用李克特 5 点量表进行测量。

此外，由于先前研究表明，男性比女性更容易开展创业活动，本文将性别列入控制变量。有研究表明，年龄与创业意愿、创业行为息息相关，本文还将年龄列入控制变量。同时，先前学者研究发现，创业者的父母是他们的模范榜样，父母是创业者有助于个体的创业行为，因此，本文也将"父母是否为创业者"作为控制变量。

三　实证分析结果

（一）信效度检验

本文对量表信度的测量采用克隆巴赫系数，并基于 SPSS 软件进行分析，创业教育、创业质量、创业胜任力、创业意愿的信度分析结果如表 2 所示。从结果中可见，文中涉及的各变量的克隆巴赫系数均高于 0.7（最低为 0.749），且 KMO 值均高于 0.8（最低为 0.804），同时最小因子载荷均超过 0.7（最小为 0.701），由此说明本文量表信度较高。

表 2　信度分析与因子分析结果

变量	Cronbach 系数	最小因子载荷	AVE	CR	KMO	Sig.
创业教育	0.749	0.702	0.563	0.885	0.804	0.000
创业胜任力	0.809	0.701	0.555	0.937	0.830	0.000
创业意愿	0.760	0.761	0.679	0.863	0.842	0.000
创业质量	0.825	0.708	0.559	0.884	0.861	0.000

为确保问卷中题项及其描述的合理性，本文在吉林省进行了预调研，并结合预调研结果反复修正问卷，因此，量表具有较高的内容效度。同时，课题组对研究中模型的拟合度进行了验证，结果显示拟合度较高（$\chi^2/df = 1.293$，IFI = 0.901，TLI = 0.913，GFI = 0.921，RMSEA = 0.031）。在此基础上，进一步分析了创业教育、创业质量、创业胜任力、创业意愿的均值、标准差及相关系数（如表 3 所示）。从中可以看出变量之间相关关系显著，且 AVE 的平方根高于相关系数，因此，量表具有较高的判别效度。

表 3　变量均值、标准差及相关系数

变量	均值	标准差	性别	年龄	父母是否为创业者	创业教育	创业胜任力	创业意愿	创业质量
性别	1.490	0.502							
年龄	2.540	1.019	0.205*						
父母是否为创业者	1.560	0.498	0.044	−0.097					

续表

变量	均值	标准差	性别	年龄	父母是否为创业者	创业教育	创业胜任力	创业意愿	创业质量
创业教育	3.549	0.642	0.087	-0.113	-0.009				
创业胜任力	3.676	0.540	0.409	-0.138	0.021	0.650**			
创业意愿	3.531	0.848	-0.075	0.104	-0.038	0.416**	0.517**		
创业质量	3.554	0.780	-0.127	0.075	-0.125	0.424**	0.469**	0.608**	0.748

注：* 代表在5%的水平上相关，** 代表在1%的水平上相关。

（二）共同方法偏差与多重共线性分析

由于本次调研采用统一量表，且调查对象均为大学生创业者，样本来源及面临的环境相似，可能存在共同方法偏差问题。因此，本文进行验证分析。在正式调研开展之前，本文打乱题项顺序，且要求受访的大学生创业者匿名填写问卷，充分做好事前控制。调研结束后，对收集到的有效数据采用Harman单因素检验法进行分析，结果显示，所有题项聚合成四个赋值大于1的因子，其累计方差贡献率为69.201%，其中，第一个因子解释所有题项变异的比率不超过总解释量的一半（为33.115%），因此不存在共同方差偏差问题；同时，VIF值均不超过10，说明共线性问题也不存在。

（三）假设检验

1. 创业教育对大学生创业质量的影响检验

本文通过构建回归模型验证文中的三个假设，在进行回归之前，将控制变量进行虚拟化处理，随后再将之引入回归模型。结果显示，创业教育有效解释大学生创业质量变异的22.5%，且创业教育与大学生创业质量之间具有显著的正相关关系（$\beta=0.473$，P值<0.01）。即：创业教育对大学生创业质量具有正向影响。因此，本文所提出的假设H1成立。

表4 回归分析结果（因变量：创业质量）

变量	(1)	(2)
创业教育	—	0.473**
性别（以"男"为参照）：女	-0.151	-0.209*

续表

变量		(1)	(2)
年龄（以"18~24岁"为参照）	25~30岁	0.157	0.251*
	31~35岁	0.164	0.260*
	36岁及以上	0.139	0.236*
父母是否为创业者（以"是"为参照）：否		−0.108	−0.095
R^2		0.147	0.263
Adj-R^2		0.106	0.225
F值		1.160	6.897***

注：*表示在5%的水平上显著，**表示在1%的水平上显著，***表示在0.1%的水平上显著。

2. 创业胜任力的中介效应检验

为验证创业胜任力的中介效应，本文采用分步回归法，首先验证创业教育对创业胜任力的影响，其次验证创业胜任力对大学生创业质量的影响，最后将创业教育、创业胜任力一同纳入回归模型，将（大学生）创业质量设置成因变量。对创业胜任力中介作用的检验结果如表5所示。结果显示，在将创业胜任力引入回归模型后，创业教育与大学生创业质量仍存在正相关关系，然而回归系数从0.473降低到0.264，仍然显著。这意味着，加入创业胜任力后，创业教育对大学生创业质量的影响有所减弱。因此，假设H2得到验证。

表5 创业胜任力的中介作用分析结果

变量		(1) 创业胜任力	(2) 创业质量	(3) 创业质量
创业教育		0.660***	—	0.264**
创业胜任力		—	0.489***	0.317**
性别（以"男"为参照）：女		−0.133	−0.126	−0.167
年龄（以"18~24岁"为参照）	25~30岁	0.009	0.216*	0.248*
	31~35岁	0.013	0.223*	0.255*
	36岁及以上	−0.045	0.228*	0.251*
父母是否为创业者（以"是"为参照）：否		0.030	−0.114	−0.104
R^2		0.444	0.281	0.319
Adj-R^2		0.415	0.243	0.277
F值		15.435***	7.543***	7.692***

注：*表示在5%的水平上显著，**表示在1%的水平上显著，***表示在0.1%的水平上显著。

3. 创业意愿的中介效应检验

为验证创业意愿的中介效应，本文采用分步回归法，首先验证创业教育对创业意愿的影响，其次验证创业意愿对大学生创业质量的影响，最后将创业教育、创业意愿一同纳入回归模型，将（大学生）创业质量设置成因变量。对创业意愿中介作用的检验结果如表6所示。结果显示，在将创业意愿引入回归模型后，创业教育与大学生创业质量仍存在正相关关系，然而回归系数从0.473降低到0.254，仍然显著。这意味着，加入创业意愿后，创业教育对大学生创业质量的影响有所减弱。因此，假设H3得到验证。

表6 创业意愿的中介作用分析结果

变量		（1）创业意愿	（2）创业质量	（3）创业质量
创业教育		0.458***	—	0.254**
创业意愿		—	0.594***	0.479***
性别（以"男"为参照）女		-0.164	-0.087	-0.131
年龄（以"18~24岁"为参照）	25~30岁	0.179	0.104	0.165
	31~35岁	0.260*	0.065	0.135
	36岁及以上	0.237*	0.054	0.123
父母是否为创业者（以"是"为参照）否		-0.008	-0.096	-0.091
R^2		0.226	0.391	0.441
Adj-R^2		0.186	0.360	0.406
F值		5.653***	12.434***	12.936***

注：* 表示在5%的水平上显著，** 表示在1%的水平上显著，*** 表示在0.1%的水平上显著。

四 研究结论与未来展望

（一）研究结论

本文基于胜任力理论和计划行为理论，探索了创业教育对大学生创业质量的影响机理，取得了以下研究成果。

第一，开展创业教育有助于提升大学生创业质量。创业教育不仅为大学生提供课堂上的创业理论传授，还包括创业孵化园、创业平台、创新创业竞赛等实践资源或机会，因而为大学生创业质量的提升提供了有力支撑。

第二，创业胜任力在创业教育与大学生创业质量之间起部分中介作用。接受创业教育是大学生获得创业胜任力的重要途径之一。在创业教育的推动下，大学生创业胜任力得到显著提升，而大学生创业胜任力的提升有助于他们把握市场趋势，开发新产品和新服务，进而将创业教育习得的知识转化为创业实践，推动创业活动的展开，提升创业质量。

第三，创业意愿在创业教育与大学生创业质量之间起部分中介作用。创业行为的产生来源于个体的创业意愿，创业意愿的增强可以通过接受创业教育来实现，而较强的创业意愿则为大学生创业质量的提升创造了条件。创业者的创业意愿越强烈，他们在创业企业运营中的内驱力就越强，在创业活动中的表现也就越优秀，从而越易于取得较好的创业质量。

（二）理论贡献

本文探寻了创业教育对大学生创业质量的影响路径，取得的理论贡献如下。

第一，构建了双重中介效应模型，打开了创业教育与大学生创业质量之间的黑箱。本文构建了创业胜任力和创业意愿的双重中介效应模型，并进行解析与验证。长期以来，学术界对创业教育的研究多止步于理论探索和路径解析，对该主题的实证研究并不多见，近年来，仅有的几项创业教育实证研究，也大多关注创业教育在创业意愿、创业态度等心理层面的影响，对后续创业质量的关注十分匮乏，这使得创业教育与创业质量之间的关系一直处于黑箱之中。鉴于此，本文从双重路径出发，打开了其中的黑箱。

第二，聚焦大学生高质量创业，丰富了创业质量、高质量创业的实证研究。当前，我国经济已经从高速增长转向高质量发展，各行各业均随之步入高质量发展阶段，大学生创业高质量发展逐渐成为学术界的研究热点。但是，由于高质量创业研究处于探索阶段，大多数学者仍从理论视角开展研究，实证研究十分匮乏。鉴于此，本文从创业教育视角出发，探寻大学生创业质量的驱动机制，丰富了高质量创业的实证研究。

第三，整合胜任力理论和计划行为理论，扩展了胜任力理论和计划行为理论的应用范畴。长期以来,胜任力理论和计划行为理论被广泛应用于心理学、管理学、社会学等诸多领域,但是,已有研究大多从单一视角探究这些理论,鲜有研究从整合视角予以探讨。鉴于此,本文引入创业胜任力与创业意愿,试图扩展胜任力理论和计划行为理论在创业领域的应用范畴。

(三)实践启示

本文探索了创业教育驱动大学生创业质量提升的过程,得到如下实践启示。

第一,助推大学生高质量创业,离不开高质量的创业教育。高校应加强创业教育课程体系建设,从创业知识、创业竞赛、创业能力等方面培养大学生的创业素养,注重提升创业理论课程和实践教学质量,促进大学生创业胜任力、创业意愿以及创业质量的增强或提升,提升其创业实践能力。

第二,在高校开展创业教育的过程中,应注重创业胜任力的打造。创业胜任力并非与生俱来,而是需要通过学习和教育来后天培养。因此,应注重创业胜任力的培养与提升,尤其是,创业课程设置中要充分把握和发掘大学生创业的潜质,并采取多种途径增加他们创业相关的知识和技能。同时,创业者要注重自身创业胜任力的提升,主动参与创业教育,并积极学习和积累与创业相关的知识和技能,使得自身的创业胜任力得到显著提升,进而为自身创业质量的提升提供支撑。

第三,在创业教育的理论与实践中,创业意愿的培育至关重要。应注重向学生传授创业的积极影响和结果,使得学生对创业本身持积极的态度,促进其创业意愿的形成。同时,高校也应注重构建良好的校园创业环境和创业教育环境,使得学生感受到强烈的创业氛围,进而更愿意开展创业活动,乃至更可能获得较好的创业质量。

(四)研究局限与未来展望

本文丰富了胜任力理论和计划行为理论在创业教育领域的应用,但也存在一定的局限性。

第一，本文在选择样本时，仅在东中西部地区选取了六个代表省份，且样本分析也仅限于大学生创业者，其他类型的创业者是否也适用于本文的研究模型尚待验证，期望在未来研究中予以改进以增强研究的普遍性和适用性。

第二，创业教育与创业质量的提升之间必然会存在时间跨度，但是本次调研仅收集了静态截面数据，并未对同一样本群体进行追踪，未来研究可以采用实验法，对不同的样本进行跟踪对比，进行纵向研究以验证研究结果的稳健性。

第三，本文从胜任力理论和计划行为理论视角出发，仅对创业胜任力和创业意愿的作用进行检验，未来研究可以探索模型中是否可以引入其他变量，诸如创业者心理特征、个人特质等，以全面验证创业教育的有效性。

参考文献

[1] Passoni D, Glavam R B, Trusko B, et al. Entrepreneurial intention and the effects of entrepreneurial education: Differences among management, engineering, and accounting students. [J]. *International Journal of Innovation Science*, 2018, 10 (1): 92-107.

[2] Fayolle A. Assessing the impact of entrepreneurship education programmes: A new methodology [J]. *Journal of European Industrial Training*, 2006, 30 (9): 701-720.

[3] Oosterbeek H, Praag M V, Ijsselstein A. The impact of entrepreneurship education on entrepreneurship skills and motivation [J]. *European Economic Review*, 2010, 54 (3): 442-454.

[4] Linan F. Intention-based models of entrepreneurship education [J]. *Piccolla Impresa/Small Business*, 2004, 12 (3): 11-35.

[5] 杨学儒. 创业教育和先前经验对大学生创业能力的影响研究 [J]. 技术经济与管理研究, 2018 (9): 36-41.

[6] Piperopoulos P, Dimov D. Burst bubbles or build steam? Entrepreneurship education, entrepreneurial self-efficacy, and entrepreneurial intentions [J].

Journal of Small Business Management, 2014, 53 (4): 970-985.

[7] Chandler G N, Hanks S H. Founder competence, the environment, and venture performance [J]. *Entrepreneurship Theory & Practice*, 1994 (3): 77-89.

[8] 毛翠云, 王世坤. 基于素质模型的创业者胜任力测评研究 [J]. 科技管理研究, 2012 (21): 127-130.

[9] 陈建安, 金晶, 法何. 创业胜任力研究前沿探析与未来展望 [J]. 外国经济与管理, 2013 (9): 2-14.

[10] 苏海泉, 裴昕. 大学生社会创业胜任力模型构建研究 [J]. 当代青年研究, 2020 (2): 3-69.

[11] 曹蕾, 陈曼曼. 乡村振兴背景下大学生社会创业胜任力评价 [J]. 创新与创业教育, 2023 (2): 88-94.

[12] 张秀娥, 徐雪娇, 林晶. 创业教育对创业意愿的作用机制研究 [J]. 科学学研究, 2018 (9): 1650-1658.

[13] Matlay H. The impact of entrepreneurship education on entrepreneurial outcomes [J]. *Journal of Small Business & Enterprise Development*, 2008, 15 (2): 382-396.

[14] Uwameiye R, Uwameiye B E. Attitude of Nigerian University students towards entrepreneurship education [J]. *European Journal of Scientific Research*, 2006, 15 (2): 201-206.

[15] Martin B C, Mcnally J J, Kay M J. Examining the formation of human capital in entrepreneurship: A meta-analysis of entrepreneurship education outcomes [J]. *Journal of Business Venturing*, 2013, 28 (2): 211-224.

[16] 尹飞霄. 创业教育、创业意愿与大学生创业绩效——基于235份问卷调查的实证分析 [J]. 技术经济与管理研究, 2019 (2): 41-46.

[17] 任胜钢, 蒋宇, 贾倩. 创业教育对大学生创业绩效的影响机制研究——以主动性人格为中介 [J]. 现代大学教育, 2017 (3): 106-111.

[18] Franke N, Lüthje C. Entrepreneurial intentions of business students: A benchmarking study [J]. *International Journal of Innovation and Technology Management*, 2004, 1 (3): 269-288.

[19] 罗竖元. 返乡创业质量与农民工就地市民化——基于湖南、安徽与贵州三省调查数据的实证分析 [J]. 南京农业大学学报（社会科学版）, 2018 (6): 69-78.

Will Entrepreneurship Education Improve the Entrepreneurial Quality of College Students?

Xu Xuejiao, Wu You

Abstract: Based on competency theory and planned behavior theory, a dual mediating effect model of entrepreneurial education influencing the entrepreneurial quality of college students is constructed. By collecting 123 college students' survey questionnaire data from six provinces, conducts the empirical analysis. The results indicate that entrepreneurship education has a positive impact on the entrepreneurial quality of college students; entrepreneurship competence plays a partial mediating role in the relationship between entrepreneurship education and entrepreneurial quality of college students; entrepreneurship intention plays a partial mediating role in the relationship between entrepreneurship education and entrepreneurial quality of college students. The research conclusion provides a basis for the effectiveness of entrepreneurship education, helps to improve the construction of the national entrepreneurship education ecosystem, drives the improvement of college students' entrepreneurship quality, promotes the high-quality development of college students' entrepreneurship, and promotes the national "innovation and entrepreneurship" strategy implementation.

Keywords: Entrepreneurship Education; Entrepreneurial Quality; Entrepreneurship Competence; Entrepreneurship Intention

高校思想政治教育与创新创业教育相互融合的实现路径

王春艳 马鸿泽

【摘　　要】思想政治教育与创新创业教育相互融合，是当今高等教育培养具有家国情怀的复合型创新人才以及创新高等教育全过程的重要方向。思想政治教育与创新创业教育目标一致、内容相近和方法兼容，并且思想政治教育引领创新创业教育的方向，促进创新创业教育水平提高，而创新创业教育则成为思想政治教育的新载体。二者的相互融合有助于帮助学生树立正确的就业观和创业观，帮助毕业生缓解就业压力，减少就业冲突，以及推进高等教育改革目标的实现，优化高校人才培养模式。具体而言，要想推动思想政治教育与创新创业教育相互融合，应当配合教学体系建设、协调调动实践功能和合作营造校园氛围。

【关 键 词】创新创业教育　思想政治教育　高等教育

党的十八大以来，中国特色社会主义事业迎来了一个崭新的发展阶段。中国的经济已由高速增长转变为高质量发展。目前，中国正处在发展方式转换、经济结构优化和增长动力调整的关键时期。随着经济结构的调整，社会对人力资源提出了新的要求。党的十九届五中全会指出，中国经济发展仍存在不平衡不充分等问题，一些重要领域、重要环节仍面临巨大的改革挑战，自主创新的水平还无法与高质量发展相适应。因此，在当前形势下，高校教学改革面临一

【基金项目】吉林大学 2023 年就业工作课题"吉林大学商管类辅导员就业指导能力研究"（JYLL202329）。

【作者简介】王春艳，吉林大学商学与管理学院助理研究员，研究方向为创新创业教育思想。马鸿泽，中国人民大学经济学院硕士研究生。

个严峻的挑战，即如何将人才摆在发展的首要位置。对高校大学生进行创新创业教育，关键在于对他们进行创造性思维教育。这必须以大学生创新创业教育体制改革和创新的具体原则为基础。

2020年5月，教育部印发《高等学校课程思政建设指导纲要》，强调要利用好每一门课程中的思政资源，结合专业分类推进课程思政建设，以全面提高人才培养质量。这不仅充分揭示了高校思想政治教育的优势，而且符合情知教育的基本特点，有利于实现培养高校学生成为创新型企业家的目标。国民创业基础教育是形成高校创新创业浓厚氛围的重要途径。发展大学创新创业教育是时代的客观要求，也是高校思想政治教育的内涵特征和本质要求。按照社会发展的要求，促进思想政治教育与创新创业教育的深度融合是大学思想政治理论体系建设的主要任务之一。

一 思想政治教育与创新创业教育相互融合的基础

科学整合教育理念可以提高教学效率和质量。在任何学科的教学中，既要注重先进教育理念的整合，又要适应时代发展的需要。创新创业教育和思想政治教育是高校教育两个各自独立、相互依靠的系统。思想政治教育很好地把握了"双创"发展的方向，对于"双创"工作具有重大的指导意义，而创新创业教育对于增强思想政治工作的实效具有重大的现实意义。两者相互作用、相互促进，形成良性互动，从而达到"立德树人"的教育目的。

2010年，《教育部关于大力推进高等学校创新创业教育和大学生自主创业工作的意见》指出，创新创业教育是符合现代社会发展、经济发展要求的教学理念与模式；推进大学生创新创业对于高等教育科学发展、深化教育教学改革、提高人才培养质量具有重大的现实与战略意义。2012年，教育部发布的《普通本科学校创业教育教学基本要求（试行）》要求，普通高校必须为所有学生开设创业基础必修课程。2015年5月，国务院办公厅印发《关于深化高等学校创新创业教育改革的实施意见》，对于推进高等教育改革和学生创业就业具有战略意义。2015年10月，国务院总理李克强同志对第一届中国国际"互联网+"大学生创新创业大赛决赛做出重要批示。2018年9月，教育部印发《关于加快建设高水平本科教育全面提高人才培养能力的意见》，明确提出必须深化创新创业教育改革，注重推动创新创业教育与专业教育、思想政治教育紧密结合。这些表明党和政府高度重视对学生的创新创业教育，强调要全面提高人才素质。

二 思想政治教育与创新创业教育的内在联系

传授创新创业基础知识，可以促进学生创新意识的培养，提高他们的就业竞争力和就业能力，这是我们这个时代不可缺少的教育手段。然而，要想在创新创业教育中取得更好的效果，就需要进一步解决学生思想政治层面的问题。因此，思想政治教育与创新创业教育是相辅相成的。

（一）教育目标的一致性

面向大学生的创新创业教育，首先是通过培养其创新创业精神来促进创新创业思维的形成，为大学生创业就业创造一片广阔的前景；然后是使之获得正确的创新创业信息。对大学生进行思想政治教育，主要是培养他们的理想信念和政治素养，培养和提高学生的个性和能力。[1]从目前的情况来看，如何培养合格的大学生，关键在于如何树立正确的创新创业教育观念，思想政治教育与创新创业教育的结合能帮助大学生更好地实现人生价值。

（二）教育内容的相近性

对大学生进行"远大的理想"与"务实的品格"培养具有十分重大的意义。教育应以培养大学生的创造力与创业精神为目标，以激励与支持大学生的持续成长为目标。学生必须随着时间的推移而发展，提高认知能力、合作能力、创造力和专业技能。创新创业教育本身涵盖思想政治教育的方方面面。要成为一名优秀的创业者和创新者，其政治素质、道德素质和心理素质是最基本也是最重要的素质，这与高校思想政治教育的主要内容相吻合。在大学生中开展"以人为本"的诚信教育，是在大学进行的一项重要的社会实践活动，所以大学生的创新创业教育与大学生的思想政治教育具有很强的一致性。二者在大学生价值观、人生理想、道德信仰等方面有着共同的价值导向。[1]

（三）教育方法的兼容性

高校思想政治教育是德育工作的重要组成部分。在此背景下，大学生的创造性和实践性是其培养目标，也是其发展的新契机。创新创业教育是一种新型的教学方式，然而要与时代特征相匹配，就需要更多的具有革新精神的新型人才；同时，经济社会发展速度加快，对大学生的思想政治教育提出了更高的要求。通过商业沙龙、实地考察等方式，可以为大学生思政教育提供更多的方式与环境。在新的历史条件下，职业生涯管理与理论学习之间的关系越来越密切。要成为一名优秀的大学生创业者，必须有坚实的创业实践基础以及丰富的创业理论经验。教育者只有掌握丰富的理论知识才能更好地完成思想政治教育。在实践中，要加强双创教育和思政教育的融合，通过新颖的教育方法，鼓励学生更多地参与实践活动，推动思想政治教育。因此，对于双方来说，任何一种教育方法的创新和改革都需要推广另一种教育方法，以增强这两种方法的实效性、目的性，更好地达成既定的教育目标。

三 思想政治教育与创新创业教育相互融合的必要性

在马克思主义理论中，人才是社会发展所必需的具有一定的思想道德、职业道德、职业技能，从事创造性工作并对社会做出贡献的人。人的全面发展包括自然人的全面自由发展和人在社会关系中的社会发展。

全面发展包括技能、兴趣和道德等方面，强调高度丰富和发展人的社会属性和社会关系。首先，高校创新创业教育与思想政治教育都是以马克思主义理论为基础的教育手段，核心目标是培养综合素质优良的创新创业人才，为社会主义现代化建设与和谐社会构建贡献力量。从这个角度来看，创新创业教育与思想政治教育基本一致，互补性有助于实现共同目标。高校在思想政治教育的指导下，加强学生的创新创业教育，符合马克思主义教育的主题。其次，应当培养适应社会发展需要的创新型人才，提高大学工作质量和学生创业能力，聘请高水平的专家为学生进行思想道德素质的培养和教育，以进一步培养其实践能力和开拓性创造能力。

（一）思政教育引领双创教育的方向，促进创新创业教育水平提高

实施创新驱动发展战略需要具有创新、实践和创业能力的多层次、综合性人才。大学创新创业教育的目标必须符合以改革创新为重点的时代精神。大学必须把社会主义核心价值观教育纳入思想政治教育体系。通过培养学生的创造力和创业精神，我们可以逐步帮助他们实现创业目标。实现创业目标，将进一步促使他们坚定理想信念，加深理论认识。思想政治教育与创新创业教育的结合，有助于更好地管理和控制学生创新创业的方向。思想政治教育是强大的精神力量之源，应当充分发挥高校思政教育与双创教育的示范引领作用，继续号召学生坚定理想信念，提高学生的思想道德素质，增强他们的社会责任感、创新精神、创业精神和创业技能。[2]

大学思想政治教育体系为进一步发展创新创业教育提供了经验和资源。培养学生的创造性思维是创新创业活动的中心内容，高校思想政治教育是实现这一目标的过程。它可以提高学生的创业潜力，帮助学生与社会沟通，使之经常思考，了解并不断整合通过创业实践适应快速发展的社会的能力。实体企业家教育、思政教育、创业实践活动和人才培养是一个综合性的立体过程。高校要不断关注企业家教育与创新的融合，不断更新企业家教育方式。在此基础上，对大学生进行创造性、创新性、实践性等方面的教育。

（二）创新创业教育成为思想政治教育的新载体

思想政治工作要走在理论与实际工作的前列，要对其所处的时代特征进行全面了解，要对国家与社会所面对的问题进行有效处理，从"创新型"转向"投资型"。创新的时代特征必将对思想政治教育产生巨大的冲击，要主动地顺应这种特征，不断地跟上潮流，为我国培育出创新型人才。大学生的创新创业教育是培养大学生创造性思维的一个主要方式，在某种意义上，大学生创造性思维的培养是思政教育的任务，从而造就了双创教育成为思政教育载体的新局面。

大学生思想政治教育要与时俱进，更好地为国家人才发展战略服务。今天，创新创业教育已成为新时代高校思想政治教育的有力抓手。首先，大学双创教育是思想政治工作体系的鲜明体现，当今时代的发展一定要与社会主义核心价值观高度契合。其次，思想政治教育和创新创业教育遵循与学生理想密切相关的德育基本原则。从职业道德的树立到创新精神的培育，学生都应树立远大的理想，形成良好的心理素质，积极乐观、充满勇气，形成诚实、勤劳和开拓进取的价值观。这是新时期思想政治教育的方向，完全符合社会主义的基本价值观。再次，创新创业教育可以融入大学的思想政治教育全过程、各环节，实现思想政治教育的时代价值和个体价值，最大限度地发展思想政治教育。

四 思想政治教育与创新创业教育相互融合的重要性

（一）帮助学生树立正确的就业观和创业观

我国大学生创新创业教育过程中的弊端在于存在强烈的功利主义倾向。[3]他们过于关注创业的好处，导致盲目抄袭、功利主义和对成功的渴望。

目前，我国高校普遍重视对大学生创新创业能力的培养，将之视为各种形式的创新创业的基础环节。"唯利是图"与我们国家创新创业教育的实质背道而驰。从长期而言，高校乃至整个民族的创新与企业家精神都会受到严重的影响。因此，在大学生中开展创新创业教育，既要有对大学生的引导，也要有对大学生的制约，更要把两者有机地融合在一起。大学生通过思想政治教育，可以在创新创业过程中形成正确的价值观，正确地处理利益关系，提高自身价值，更好地为社会服务，为社会做出贡献。

思想政治教育贯穿于高等教育的全过程，在教育过程中起主导作用，为大学生提供了很多创新创业的机会。

创业教育的一个重要方面是为培养学生的创业技能奠定坚实的理论基础，同时，也要为大学生的创业能力提升提供现实的舞台。在此基础上，加强学生对生活和社会的反思，倡导一种以人的意志为本全面发展的理念，有助于全面提升学生的整体素质。另外，也有不少学生没有信心，没有胆量。他们对自己的能力产生怀疑，并且不接受有关革新和企业家精神的训练。但思想政治教育与创新创业教育相互融合可以帮助学生逐渐掌握创业的概念，并对其有更好的理解，培养学生创业的信心和勇气。

（二）帮助毕业生缓解就业压力，减少就业冲突

当前在大学思想政治教育实践活动中，创新创业教育与思想政治教育不断融合。其中一个主要原因是，就业并不是所有学生都面临的真正问题，复杂的就业形势使大学和学院变得非传统化。推进创新创业教育与思想政治教育的融合，部署群众性创新，使学生掌握科学创新、创造商业前景、具有雄心壮志。通过对未来的规划和思考，学生将从被动的求职者转变为积极的创业者，从而缓解就业的巨大压力。

针对目前高校毕业生的实际情况，应将思想政治教育与创新创业教育相互融合。在此基础上，对高校毕业生进行全面、系统的研究，让每个大学生都能够做一个有创意的企业家。唯有如此，方能从源头上缓解高校毕业生的就业压力，为高校毕业生提供更多的就业机会。对于学生来说，最重要的是培养创新创业的意识，思想政治教育是实现这一目标的关键，只有把这两个方面结合起来，才能提高大学生的就业率，大大减轻就业负担和减少就业冲突。

（三）推进高等教育改革目标的实现，优化高校人才培养模式

高等教育要为国家创新发展事业服务，将创新创业教育和思想政治教育相互融合，着重对学生的创新意识、核心竞争力和社会责任进行培养，进而对学生的兴趣和创新精神进行培养，为更新高等教育理念、转变教育方式提供了实际依据。把创新创业教育融入高校的思想政治教育中，与当代的创新精神相吻合，有助于将思想政治教育中的理论知识，转变成创新创业的能力和品质。不仅是为了让学生创造正确的就业价值，也要激发学生的创新创业精神。同时，要全面培养学生的技能，充分挖掘学生的潜能。二者相互融合具有以下优点：培养学生的创造能力和开拓精神，激发学生的创新创业实

践，并为社会培养更多高素质的人才。在大学思想政治教育领域，创新思想和创业技能的培养可谓与国家创新创业政策密切相关。新时期，高校思想政治教育培养的创新创业人才能够积极适应当前社会现实的需要，促进国民经济高质量发展。

五　实现思想政治教育与创新创业教育相互融合的途径

与创新创业教育相互融合，对于高校思想政治教育是一个新的考验和挑战。在教育过程中，要更新学生的就业观念，鼓励创新创业，培养创新创业能力，让学生成为新经济浪潮的领导者。作为高等教育的两个子系统，思想政治教育与创新创业教育相互促进和共同发展。

（一）配合教学体系建设，充分发挥课堂教学作用

一是创新创业教育必须包括思想政治教育的内容，特别是教育目标。学生应当理解创新创业精神。在创业培训中，实践教育提高了学生的思想政治素质。通过结合思想政治教育，创业教育充分培养领导能力和激发创业精神，增强学生的创业精神和创业技能。将思想政治教育与创新创业教育相互融合，可以改善学生的知识结构，为他们建立理想的创业知识结构，以及真实的世界观、人生观、价值观。

二是在职业教育和创新创业培训中确定顺序。越来越多的大学寻求专业成果，教育的创新与改革是创业基础教育的基础。创业培训可以拓宽学生的视野，在职业培训中可以找到创业的空间。培训课程可以培养学生的实践技能，因此应当加强注重实效的教育。此外，高等院校在资源整合过程中，必须有广阔的视野，积极汲取海外的先进经验。大力落实创新创业教育和思想政治教育的效果，实现效益和互补。

三是要把思想政治教育和创新创业教育相互融合，构建一个科学、合理的思想政治教育系统。比如，以思想政治理论课为依据，结合实际需求，以创新创业为依据，开发出"培训""网络课程"，课程内容涵盖一般、必修及选修三个方面。在目前我国高校创新创业人才培养的大背景下，对高校创新创业教

育相关课程资源的整合，为高校创新创业教育提供了一条新路。课程内容包括创新创业理念、理解生命价值和社会价值、激发自主思考和探索精神、培养创新伦理和创业精神、增强职业道德和团队意识，塑造坚持、自信、乐观和冷静的创新创业意识。

（二）协调调动实践功能，充分发挥实践育人效果，搭建大学生创新创业平台

实践教育是发展创新创业事业和开展思想政治教育最有效的途径。在"民间创新创业"的时代，大学通过建立园区为学生提供了实践创新创业的机会、科技园和大众创新空间。参与创新创业实践的学生人数迅速增长，成为学校一支新的强大力量。因此，思政教育必须与双创实践工作紧密结合，在创新创业实践中强化创业道德，强调企业家和创业集体的社会责任，不断强化核心价值取向。

一是整合学校资源，为学校实践奠定基础。为专业人士和学生制订商业计划，吸引更多学生创业。促进学生创新创业，必须把思想政治教育的理论知识运用到实践中，如此才能培养学生的实践能力。二是运用社会资源，开展社会性活动，让学生从学校里走出来，开展实际的创业活动，体会到创业的气氛，认识到创业的难度，从最好的创业者那里学到创业技巧。要想提升自己的创业能力，就需要对自己的创业意识持较为客观的态度，对自己的创业意识持积极的态度。二者相互融合，可为大学生的创业活动搭建一个很好的平台，对大学生进行实践性培训。从学生的角度来看，大学生的思想政治、创新创业等课程对大学生的影响很大，但要将之真正落实到学生的实际生活中去。

（三）合作营造校园氛围，推进创新创业环境建设

在"大众创业、万众创新"的大背景下，创新已成为时代经济发展的重要因素。如何培养高素质的创新型企业家是高等教育面临的现实问题。[4]高校思想政治教育已成为培养学生思想道德素质的主要途径，最重要的是德育在高校课程体系中发挥作用。

在高校中，大学生的思想政治教育与创新创业教育既要依赖于对大学生理论知识的传授，也要通过大学生的实际行动来进行。大学的物质文化、精神文化和体制文化是大学的重要组成部分。首先，学校的建筑、绿化，以及其他一些硬件组成了一个完整的校园。先贤的塑像和以"捐赠者"为名的建筑，激励着大学生建立高尚的理想，培育坚定的信念与优秀的道德情操，从而使大学生能够顺利地完成自己的创新创业任务。[5]其次，从学术、艺术、科技来看，开展体育、文化和娱乐活动，将思想政治教育和创新创业教育的文化理念与学生日常生活的各个方面融合在一起。最后，通过加强党的领导、健全校纪校规和规范，使学生、教师都能更好地发挥自身参加创新创业的热情，并在此过程中形成一种正确的价值观念。学校党委和共青团组织鼓励大学生走到基层，通过公关和创新创业为社会服务。加强学生的思想品德修养，增强学生的政治觉悟；激励更多的大学生为国家服务，为国家做出贡献。高校在开展党建工作时，要充分发挥党建工作的作用，调动各个部门，为创新创业工作提供有力的组织保证和政治保证。

参考文献

[1] 李兰晶. 对创新创业教育融入高校思想政治教育的思考[J]. 学校党建与思想教育，2018（10）：79-81.

[2] 翁灏. 思想政治教育融入大学生创新创业教育的路径[J]. 思想政治教育研究，2020（1）：152-155.

[3] 王娟. 思想政治教育视角下高校创新创业教育的思考[J]. 江苏高教，2019（9）：111-115.

[4] 王宇，李成智. 高校思想政治教育与创新创业教育融合途径研究[J]. 思想教育研究，2019（10）：138-141.

[5] 徐纯正. 论思想政治教育与创新创业教育的协同作用[J]. 学校党建与思想教育，2020（10）：92-94.

Realization Path of the Mutual Integration of Ideological and Political Education and Innovation and Entrepreneurship Education in Colleges and Universities

Wang Chunyan, Ma Hongze

Abstract: The mutual integration of ideological and political education and innovation and entrepreneurship education is an important direction for today's higher education to cultivate compound innovative talents with family and country feelings and innovate the whole process of higher education. Ideological and political education and innovation and entrepreneurship education have the same goals, similar content and compatible methods. And ideological and political education leads the direction of innovation and entrepreneurship education and promotes the improvement of innovation and entrepreneurship education, while innovation and entrepreneurship education has become a new carrier of ideological and political education. The mutual integration of the two helps students establish a correct outlook on employment and entrepreneurship, helps graduates relieve employment pressure, reduce employment conflicts, promote the realization of higher education reform goals, and optimize the talent training model in colleges and universities. Specifically, in order to promote the mutual integration of ideological and political education and innovation and entrepreneurship education, we should cooperate with the construction of the teaching system, coordinate the mobilization of practical functions, and cooperate to create a campus atmosphere.

Keywords: Innovation and Entrepreneurship Education; Ideological and Political Education; Higher Education

论"专创融合"下的法学专业内涵建设

崔艳峰

【摘　要】理论教育和职业技能教育融合之下的法学专业教育，与大学生创新创业教育存在紧密的联系，具体表现为大学生创新创业教育是实现法学实践教学的一种方式，且大学生创新创业法律风险教育是法学专业教育的内容，这使得"专创融合"在法学专业领域具有天然的优势。大学生创新创业教育作为通识教育为法学专业教育内涵的提升明确了方向，引导法学专业教育健康发展，是法律职业技能教育的重要组成部分，推动法学专业教育人才培养的精进。同时，对于以"专创融合"提升法学专业内涵建设，创新创业教育助力法学专业实践教学和法学专业通识教育。

【关 键 词】专创融合　法学专业教育　创新创业教育　通识教育

"专创融合"是当前高等教育体系的重要内容，不但与我国政府自上而下的推动有关，也与大学生创新创业教育和法学专业教育之间的关联性有关。法学是规则之学，是解决社会问题的工具。法学教育的重要目标之一是应用法律，该应用包括立法上、司法上和执法上的应用等多个层面。大学生创新创业教育是注重实践性、应用性的教育，为法学教育提供了更大范围的、更多的实践机会。大学创新创业教育又是培养"完整的人"的通识教育，以个体人和社会人的双重属性的培养为目标。这两个方面的目标提升了法学专业建设的内涵，指明了法学专业培养"完整的人"的目标，即有责任、有担当、懂合作、

【基金项目】浙江万里学院法学一流专业建设项目"专创深度融合的法学专业内涵建设研究与实践"。
【作者简介】崔艳峰，浙江万里学院法学院副教授，吉林大学农业农村法治研究院兼职研究员，研究方向为民商法。

善沟通的，具有社会责任感、国家认同感、公民使命感的社会主义法治国家建设人才。

一 法学专业教育和大学生创新创业教育的内涵

（一）法学专业教育：理论教育和职业技能教育的融合

法学是规则之学。该规则约束人们的行为，判断人们的行为合法与否，解决矛盾纠纷，化解行政管理争议，判定是否构成犯罪。法学的工具价值不仅在于此，还包括法律规则的完善、法律条文的解释、法律体系的贯通等。因此，学习法律，不仅要学习现行法律的规定是什么、为什么以及如何解释、背后的逻辑是什么，还要学习法律职业技能，即法律如何应用。法律职业技能的内涵和范围非常广泛，包括法律思维的培养、法律关系的判断、法律问题的梳理、法律资料的收集和处理、法律条文的查找、类案检索的技巧和方法、司法过程的判断和把控、语言表达能力和文书写作能力的提升以及职业风险的规避和职业伦理的坚守等。[1]

法学专业教育不应局限于法学理论知识的教育，还应包括法律职业技能的教育，这在当前的法学教育界已经形成共识，仅将法学理论知识的教育作为法学教育的内容既不符合当代社会的需求，也不符合法律作为一个解决实际问题的工具的本质。教育部与中央政法委在2011年共同发布的《关于实施卓越法律人才教育培养计划的若干意见》明确指出：我国法学教育培养出来的学生实践能力不强，不能适应社会实践的需要，法学培养模式单一，应用型、复合型法律职业人才培养尚存在欠缺，这导致我国法学教育还不能完全适应社会主义法治建设的需要。[2] 2018年，教育部、中央政法委发布了《关于坚持德法兼修实施卓越法治人才教育培养计划2.0的意见》，其中在改革任务和重点举措部分的第三点明确指出，要"重实践，强化法学教育之要"。因此，加强法学教育的实践性，提高法学专业学生的职业能力，是当前本科法学教育改革的方向，是国家对本科法学教育，尤其是对应用型高校本科法学教育的要求，亦是应用型高校本科法学教育改革和法学人才培养模式改革的目标。

（二）大学生创新创业教育：通识教育

通识教育在当代高校教育中越来越重要，对于培养大学生的社会责任观念、公民意识、民族精神和国家责任具有重大的意义。通识教育的内涵源于德国著名教育家洪堡提出的"全面教育"理念。洪堡认为，人应当获得全面的教育，教育的目的在于人的价值的全面实现，从而推动国家的发展和进步。通识教育具有普适性，每个人都应当接受通识教育，通识教育的功能是使人成为"完整的人"。[3] 该"完整的人"包括两个层面：一是成为独立的个体，能够对自己的行为负责；二是成为政治主体，继承民族文化，承担国家责任。即使人成为"负责任的人和公民"。[4]

大学生创新创业教育是以培养创新意识、创业能力、创新思维和对抗创新创业风险能力为内容的教育，目标是培养大学生具有综合素质和完整人格。大学生创新创业教育的提出是为了缓解就业压力和适应经济发展的需求，是由我国政府自上而下提出的创新创业改革中的一项教育措施。有人对大学生创新创业教育的必要性总结如下：随着高校毕业生人数屡创新高，我国的就业形势非常严峻，再加上国际经济贸易摩擦对我国就业的波及，我国出现了"无就业的经济增长"，大学生的就业压力越来越大。[3] 大学生创新创业教育亦是我国知识经济时代的要求，是国家创新驱动发展战略对大学教育的要求，是我国大学使命和责任的体现。[5] 这只是高校开展大学生创新创业教育的客观原因和现实需求。从教育哲学角度来说，大学生创新创业教育是关于人的价值的教育，它关注的是人为目的而非工具。大学生创新创业教育更深层次的目标是从以人为目的的视角培养大学生的综合素质，塑造大学生的品格，使之在具有创新创业能力的同时，也有接受创新创业失败的心理素质，在有创新创业思维和意识的同时，也有接受失业或失败后重整旗鼓的能力，使大学生在就业的高度竞争和压力下不但不会丧失信心，而且能够更加具有战斗力和存活能力，深刻地理解人存在的意义。[6]

二 法学专业教育与大学生创新创业教育之间的关联性

(一) 大学生创新创业教育是实现法学实践教学的一种方式

在认识到法学教育存在理论与实践脱节的弊端后,我国法学教育经历了近20年的改革,实践教学的内容、方式以及实践教学融入法学课堂的方法均有所增加,这在培养应用法律的实践能力方面发挥了重要作用。尤其是在大四学生可以参加法考的改革推动下,高校普遍落实法学教学与法考的结合,为教师指引了实践教学的方向,为学生明确了学习的目标。在与法考相结合的教学中,学生能够通过解答法考真题,掌握和理解法律知识,学会解决法律问题的能力,提升具体的分析问题、应用法律的能力,具备法律思维。虽然法学实践教学有了较大改进,但是法学专业培养的学生仍然不能满足社会的实际需要。主要原因是,法考真题不是实际生活,实际生活中的案件比法考真题要疑难复杂得多,实际生活中的案件不具备法考真题条件明确、证据确凿的特点,因此刚刚毕业的法学专业学生仍然面临所学的法学知识无法有效利用的困难,存在难以适应实际案例的问题。因此,法学实践教学的改革仍需要加强和完善,实践教学的路径和模式仍需要深入探索。法律诊所教育是一个有效的实践教学方法,在法律诊所教育的有效运作中,学生能够接触到现实的实际案例,能够通过该案件的实际办理,参与司法的全过程,真正做到专业知识与司法实践相结合,在办理案件的过程中学习、研究、提升专业知识,将专业知识理解透、研究透,并能够灵活运用。然而,从我国目前法律诊所教育的运行情况来看,并未达到上述目标,它存在没有案件、案件少等问题,导致很多高校的法律诊所教育仅仅停留在形式上。

大学生创新创业教育是适应我国经济社会发展需要、国家发展战略要求和国家创新驱动发展目标而提出的高等学校教育改革措施,是偏重于应用和实践的教育模式。创新创业教育实践是大学生实践教学内容的重要组成部分,贯穿于整个大学的学习过程。[7]目前,我国的大学生创新创业实践教育是"实践活动+实践平台"的建构模式，引导学生积极参与，打破专业知识和实践活动之间的"壁垒"，将专业知识在实践中进一步"孵化"、提升，在培养大学生品格和综合素质的基础上，提升大学生的职业能力和职业素养。大学生创新创业实践活动的开展，依托竞赛项目、大学生创新创业项目、"互联网+"项目等，通过项目的申报、研究和结项，使学生切身地参与项目中问题的解决，真正实现对项目问题的调研、分析和研究，完成大学教育中的职业能力培养。大学生创新创业实践平台，具体包括实验室平台、产教融合合作平台、大学科技园、实训基地等，通过这些平台使大学生能够真正参与到与专业相符的企业、行业中，真正参与到实际问题的解决中，参与到专业知识的实践应用中，开展专业的实习、实训和实践。[8]

（二）大学生创新创业法律风险教育是法学专业教育的内容

任何社会活动都存在法律风险，大学生创新创业活动也不例外。法律风险贯穿于大学生创新创业的整个过程，往往会关系大学生创新创业的成败。知识产权风险可能使大学生创新创业活动无法继续，甚至陷入巨额赔偿或者遭受巨大损失。股权纠纷可能使大学生创业陷入僵局，导致错失市场良机。劳动用工、合同纠纷可能会长期影响大学生创新创业的顺利进行，造成声誉下降，负面影响可能使创新创业步履维艰。大学生创新创业过程中可能遇到的法律风险形式多样，具体来说，主要体现在以下几个方面。

（1）组织形式选择的风险。根据我国现行法律的规定，大学生创业能够选择的主体组织形式有公司、合伙企业、个人独资企业、个体工商户四种形式，公司又分为有限责任公司和股份有限公司，有限责任公司又包括一人有限责任公司和普通的有限责任公司。这些不同组织形式的主体，内部的组织结构、出资人之间的关系和对外承担的责任均不相同，大学生在进行创业之前应当优先进行利弊平衡，做出适合自己的选择。

（2）合同签订的风险。大学生在创新创业过程中不可避免地要签订合同，在合同的签订过程中，大学生需要具备相应的《民法典》合同编的法律知识，掌握合同签订过程中可能会发生的风险，避免这些风险的发生。

（3）知识产权的风险。大多数的大学生创新创业过程中离不开著作权、商标权、专利权的知识,比如在创新创业内容的宣传中要警惕是否侵犯他人的著作权,在产品生产和销售过程中要警惕对他人商标权或者在先权利的侵犯,在产品的研发过程中还要警惕对他人专利权的侵权。

(4)劳动用工的风险。大学生在创新创业过程中会雇用他人进行劳动,在这种情况下就要警惕劳动用工的风险,要按照法律规定签订劳动合同、缴纳劳动保险费、支付加班费、给予劳动保障、按时发放工资、遵守劳动合同的约定等,否则可能会因为违反劳动法、劳动合同法的相关规定而承担相应的责任。

除了这些法律风险之外,大学生在创新创业过程中还要警惕产品质量风险、企业解散和破产的风险、侵权甚至刑事责任风险等。这些法律风险均是法学专业教育的内容。[9]

三 法学专业教育内涵提升的方向

专业教育在《辞海》中又被称为"专门教育",是指培养各级各类的专门性人才的教育。[10]大学教育从产生之初就是为了培养各种不同方向的专业性专门人才。[11]随着社会分工的出现和深化,社会需求发生了变化,行业的划分越来越精细,导致学科、专业划分更加细致,专业性人才培养的目标更加明确。因此,专业教育无论是从大学教育的发展历史,还是从近现代社会的现实需要来看,均是培养某一领域的专业性高级人才的教育,是为了满足社会分工的需要。[12]这就决定了专业教育的方式是知识和技能的传授,着重点在于知识的深度挖掘,而非知识的广泛获取。

然而,局限于专业教育的大学教育不能达到培养"完整的人"的目标。大学作为以培养"完整的人"为目标的高等教育机构,在进行专业教育的同时,还应当进行全面的品格、能力和素质的教育,使人成为完整的独立个体,具有独特性和个体价值;成为完整的公民,具有社会责任感、国家认同感和公民使命感,在能够抵抗风雨的同时具有开拓精神。因此,在大学教育中,通识教育必不可少。

通识教育是大学教育的重要组成部分,传授的是所有学生打破专业壁垒都应当学习的有关精神文化的共通知识。通识教育是一个国家建立自己人民共同的政治语言、民族精神、文化信仰，筑牢民族根基的重要方法和路径。正如清华大学原校长梅贻琦所言："通识，一般生活之准备也，专识，特种事业之准备也。"[13]

法学专业教育对学生的培养内容也不例外，包括通识教育。相较于其他专业，因法律离政治更近，又是现代法治国家建设的根基，法学专业教育过程中内含的通识教育具有特殊的价值和意义。[14]而通识教育的一个重要方式是大学生创新创业教育。

（一）通识教育引导法学专业教育健康发展

通过法学专业教育培养出来的法律人才，不仅应当具有深厚的法律理论知识和过硬的法律职业技能，而且应当具有较强的社会适应性和较高的综合素质。[15]法学专业教育应当融合通识教育，由通识教育引领，为法科学生明确学习的方向和动机，建立法科学生的人生目标和人格信仰。综观各国的法学专业教育均是如此。日本的法学专业教育是科学教育、人文教育和专业教育的混合体教育模式。德国的法学专业教育是法律学科教育和职业技能教育一体化的教育。美国的法学专业教育是本科学习后的教育，是在完成本科通识教育基础上的法学专业教育和法律职业技能教育。由此可见，无论哪个国家的法学专业教育均是通识教育与专业教育的融合。如前所述，大学生创新创业教育是通识教育，"专创融合"是实现我国法学专业教育与通识教育融合的重要路径和方式。

（二）通识教育是法律职业技能教育的重要组成部分

法律是公正而善良的艺术。法律是解决纠纷的工具，但法律人不仅应是会利用法律解决纠纷的"工具使用人"，而且应当是能够理解人和社会，性格温和，有礼貌和有尊严，具有社会责任感的人。[3]随着法学专业教育的日趋完善，高等学校法学专业教育培养的法律人已经能够具有深厚的法律知识功底，经过较为充分的法律思维锻炼，能够精准地找到法律问题的争议焦点，找到解决问题的法律知识，已基本具备法律职业技能。但这些法律人很多时候缺少追寻法律背后的正义和自由的精神，缺少悲天悯人的人文情怀，缺少对法律的人本价值的关注。大学教育培养的法律人不仅应当能够解决法律问题，还应当具有关于善恶是非的道德良知、公平正义信念以及公民的人文精神和政治意识。

法律专业教育并非单纯的技能教育，还应当包括个人人格教育、公民素质教育和个体品格教育。只有充分地契合和融入这些教育，才能使受过法学专业教育的法律人避免出现技艺和品德的分离，避免法律人的知法犯法。"学法律的人若是没有人格或道德，那么他法学学习得愈精，愈会玩弄法律，愈可能作奸犯科。"[16]大学生创新创业教育不仅是教授创新创业相关知识的教育，而且是人格、品格、素质的通识教育，将大学生创新创业教育融入法学专业教育，在为法学专业教育提供法律职业技能教育新路径的同时，必将提升法学专业教育的人文内涵。

（三）通识教育推动法学专业教育人才培养的精进

法律与社会生活紧密相连。社会生活的复杂性决定了社会纠纷的多元性。而法律具有滞后性和有限性，人类的立法无法解决社会生活中的所有纠纷。当发生了纠纷，而现行的法律规定又没有对应的解决办法时，裁判者不能以此为由拒绝裁判，此时则可能需要其他学科的知识提供帮助。因此，法律具有社会性，法学具有包容性。这就要求法学专业教育必须以通识教育为基础，与通识教育相融合。通过通识教育使法学专业的学生掌握不同学科的知识，掌握人文、社会科学和自然科学领域的诸多元素，形成多元思维，具有超越法律的视野，能够用广博的知识和多元的视角解决法律问题，保证纠纷的正确解决和个案争议的科学处理。另外，通识教育还能保证人文精神融入法学专业教育之中，使法律人具有人文精神、家国情怀和追求公平、正义、自由等价值观的使命感。法学是关于人的行为的学科，法律问题的解决关乎人的自由、幸福甚至生命，法律人只有具有感悟人生的共情力，感悟社会的理解力，感悟自然的穿透力，才能具有服务社会的责任感，才能成为"社会医生"角色上的完整品格的法律人。"专创融合"下大学生创新创业教育必将助力法学专业教育与通识教育的融合，推动法学专业教育人才培养的精进。

四　以"专创融合"提升法学专业内涵建设

（一）创新创业教育助力法学专业实践教学

创新创业教育是偏重于应用、实践的教育。因此，创新创业教育能够提供给学生参与实践的机会和平台，学生通过创新创业项目，科技竞赛、"互联网+"等竞赛，实验室平台、培训基地、创新创业基地、服务网点等各种平台实践创新创业活动，从实践活动中吸收、掌握和理解创新创业知识，培养创新创业思维，提高创新创业能力，学会享受成功的喜悦和面对失败的淡定。

如前所述，在法治中国建设的今天，创新创业的过程与法律紧密相关，面临多种多样的法律风险。为了应对风险、避免失败，在创新创业教育中应当融入法律教育，使每一个创新创业的大学生都拥有基本的法律知识，认识基本的法律风险，在创新创业过程中能够通过自己的法律知识感受法律风险的存在，及时地寻求法律专业人员的帮助，避免法律风险的发生。同时，创新创业的实践教育也为法学专业的学生提供了实践的机会和平台。

在高校大学生创新创业教育普遍开展的今天，法学专业需要按照高等教育的发展规划和本专业的人才培养方案，开展创新创业理论和实践教育。在法学专业学生的创新创业实践中，可以根据创新创业教育与法学专业的紧密关系，增加法律职业技能的相关知识，比如合同的起草和修改、创业组织形式的选择、公司章程的拟定、合伙协议的拟定、知识产权的运用和风险的防范等，从而使法学专业教育与创新创业教育有效融合，实现对法学专业学生开展创新创业教育的同时，提升他们应用法律、理解法律和解决法律问题的职业能力。

（二）创新创业教育助力法学专业通识教育

如前所述，创新创业教育是通识教育。创新是民族之魂，决定着民族发展的动力和源泉。创业是发展之基,是国家发展的基础和根本。[17]如果一个国家的人民没有创新创业的意识、思维和能力,那么这个国家就会缺乏发展的动力、基础和活力。法学专业教育是当前我国法治国家建设过程中高等教育的重要内容,承担着为国家输送法治国家建设工程师的职能。然而,法学专业教育不应局限于本学科的专业教育,不应仅是专业知识、专业职业技能和专业素养的教育。通识教育应当在法学专业教育的基础上,对法学专业学生的培养发挥应有的作用。通识教育不仅仅能够延伸法学专业教育的深度,更重要的是能够拓展法学专业教育的广度。前者的实现,依赖于大学生创新创业通识教育的实践性,为法学专业教育提供更多、更大范围的实践机会和实践平台,通过实践加大法学专业学生的学习深度;后者的实现,依赖于大学生创新创业通识教育的人本属性。大学生创新创业教育是关于人的教育,是对个体的人和社会的人双重属性的教育。通过大学生创新创业教育提升法学专业学生的应用能力、转化能力和创新创业能力,塑造学生的个性品质,锻炼学生适应社会的能力,培养学生思考、思辨的习惯。通过"专创"的深度融合,最终实现培养有能力、有担当、有责任、善沟通、有团队合作精神和意识、有社会适应能力的,既具有专业知识,又具有创新创业能力,既具有专业职业技能,又具有"完整的人"品质的复合型、应用型法律人才。[18]

参考文献

[1] 胡永平,龚战梅.法学实践教学改革与创新研究——以法律职业能力培养为目标导向[J].大学教育,2018(1):23-26.

[2] 姜瀛,王博.法学教育引入法教义学方法浅谈[J].教育探索,2016(1):75-78.

[3] 黄瑛琦.通识教育:法学本科教育的引领者[J].临沂大学学报,2023(2):149-155.

[4] 王世岳,陈洪捷.威廉·洪堡的"全面教育"理念:目标、制度与知识观[J].高等教育研究,2019(6):86-92.

[5] 高晓杰,曹胜利.创新创业教育培养新时代事业的开拓者——中国高等教育

学会创新创业教育研讨会综述[J].中国高教研究,2007(7):91-93.

[6] 曹胜利,雷家骕主编.中国大学生创新创业教育发展报告[M].沈阳:万卷出版公司,2009:5-6.

[7] 周志成.高等教育哲学视阈下的创新创业教育[J].北京交通大学学报(社会科学版),2011(3):122-125.

[8] 刘艳等.创新创业教育与专业教育的深度融合[J].中国大学教学,2014(11):35-37.

[9] 朱翠兰,孙秋野.创新创业教育融入专业教育的路径研究[J].创新创业理论研究与实践,2022(18):4-7+46.

[10] 钱思雯.大学生创新创业教育与法律教育融合发展路径研究[J].创新创业理论研究与实践,2020(14):69-72.

[11] 李红霞,拓欣.基于人才培养的高校英语线上线下混合式教学模式研究[J].海外英语,2022(2):109-110.

[12] 孔祥,吴栋.以混合式教学改革服务课程思政建设的路径初探[J].中国大学教学,2021(Z1):59-62.

[13] 王金旭,朱正伟,李茂国.混合式教学模式:内涵、意义与实施要求[J].高等建筑教育,2018(4):7-12.

[14] 王伟.通识教育视角下面向未来的高校专业教育改革[J].中国高等教育,2019(7):50-51.

[15] 刘诚.在职业教育与通识教育之间——法学本科教育的一个初步思考[M]//中山大学法律评论(第8卷第2期).北京:法律出版社,2010:423-437.

[16] 陈焱光.法学专业通识教育的维度与路径[M]//通识教育研究.武汉:长江出版社,2015:112-121.

[17] 杨兆龙.中国法律教育之弱点及其补救之方略[M]//孙晓楼.法律教育.北京:中国政法大学出版社,1997:164.

[18] 倪向丽.高校"专创融合"教育教学体系的构建与探索——以财务管理专业为例[J].云南大学学报(自然科学版),2020(S1):153-157.

On the Connotation Construction of Law Specialty under the "Integration of Professional Education and Innovation and Entrepreneurship Education"

Cui Yanfeng

Abstract: Law professional education under the integration of theoretical education and vocational skills education has a close connection with college and university students' innovation and entrepreneurship education. Specifically, college and university students' innovation and entrepreneurship education is a way to achieve practical teaching of law specialty, and their innovation and entrepreneurship legal risk education is a content of law professional education. This gives "integration of professional education and innovation and entrepreneurship education" a natural advantage in the law professional field. As a general education, innovation and entrepreneurship education for college and university students clarifies the direction for the connotation improvement of law professional education, guides the healthy development of law professional education, is an important part of law professional skills education, and promotes the improvement of talent training in law professional education. At the same time, in order to enhance the connotation construction of law specialty through "integration of professional education and innovation and entrepreneurship education", innovation and entrepreneurship education assists the practical teaching and general education of law specialty.

Keywords: Integration of Professional Education and Innovation and Entrepreneurship Education; Law Professional Education; Innovation and Entrepreneurship Education; General Education

大学生创新创业教育与专业教育的融合模式

周小萌

【摘　要】大学生创新创业教育的实施需要长期、系统的努力，只有以专业知识和技能作为依托，有效融合专业教育，才能顺应国家教育改革潮流，提升大学生的综合学习能力，为解决国家的就业难题提供指南。本文从课程设置、师资力量、实践教学和评价体系四个方面，探讨了如何构建大学生创新创业教育与专业教育的融合模式。就具体策略而言，高校应当在制度层面提供支持，加强与社会、企业的深度统筹合作，营造良好的创新创业氛围。

【关　键　词】创新创业教育　专业教育　高等教育

教育部在《关于大力推进高等学校创新创业教育和大学生自主创业工作的意见》中指出："在高等学校开展创新创业教育，积极鼓励高校学生自主创业，是教育系统深入学习实践科学发展观，服务于创新型国家建设的重大战略举措；是深化高等教育教学改革，培养学生创新精神和实践能力的重要途径；是落实以创业带动就业，促进高校毕业生充分就业的重要措施。"在高度重视高校创新创业教育活动开展的今天，打造良好的创新创业教育环境是缓解大学生就业难题的核心措施，也成为向社会输送高水平创新创业型人才的重要途径，对国家、社会、企业以及学生个人发展都有不可忽视的重要作用。

一　界定创新创业教育与专业教育的概念内涵

"创新创业教育"这一名词自20世纪进入大众视野以来，一直活跃在教

【作者简介】周小萌，吉林大学思想政治专业讲师，吉林大学国家大学科技园办公室综合科科长。

育理念领域，创新创业教育以培养具有创业基本素质和开创型个性的人才为目标，培养范围不仅聚焦在校学生的创业意识、创新精神、创新创业能力，而且面向全社会，针对那些处于创业阶段打算创业、已经创业或者成功创业的创业群体，分阶段分层次地进行创新思维培养和创业能力锻炼[1]。从概念界定中不难看出创新创业教育作为实用型教育实践的重要性。党的十八大以来，国家高度重视高校创新创业教育活动，着力构建全覆盖、分层次、有体系的高校创新创业教育体系，不仅对大学生创业者个体，而且对建设创新型社会都有着巨大价值。

至于"专业教育"这一名词，则存在广义和狭义两种解读方式：从狭义而言，以培养职业化的技术型人才为目标；从广义而言，则以各级各类专门人才的培养为目标。其实，专业教育是在"加强基础，淡化专业，因材施教，分流培养"的高校教学改革体制之下，其本质蕴含着实用主义。对于个人来说，专业教育是学习特定领域的知识和技能，以适应社会分工和职业需求的重要途径。通过接受专业教育，个人可以获得进入特定行业或职业的资格和技能，从而更好地实现个人价值和职业发展。对于社会来说，专业教育是推动社会进步和发展的重要力量。通过培养具备专业知识和技能的人才，专业教育能够为社会的各行各业提供高素质的人才支持，推动行业的发展和创新。

创新创业教育实施起来道阻且长，需要长期、系统的努力。只有以专业知识和技能作为依托，将创新创业教育与专业教育结合，才能既转化专业教育"单一育人"[2]的陈旧模式，更新教育改革内容，使之顺应国家教育改革潮流，又为创新创业教育带来新的发展空间，提升学生的综合学习能力，为大学生步入社会提供踏板，为解决国家的就业难题提供指南。

二 创新创业教育与专业教育融合模式的构建

大学生创新创业教育与专业教育的融合模式构建将创新创业教育主动融入专业教育，并贯穿专业教育全过程，其内在目的在于培养学生的创新性思维逻辑和自主创业能力，进而提高学生的专业素质和实践技能。具体而言，可以从以下四个方面来分析。

（一）课程设置

将创新创业课程与专业课程进行有机的整合，使之形成具有专业特色的创新创业课程体系，将课程内容进行进一步更新与优化，及时将时新的创新创业理念和成果引入课程设计中，以此增强学生的创新意识和创业能力。

1. 跨学科课程的开设

"开设跨学科课程的目的是培养学生的基本技能、批判性思考能力、解决问题能力、利用信息能力、创造性思维及艺术表现能力。"[3]创新创业课程与专业课程相互渗透，能够拓宽学生的跨学科视野，使之学会去比较研究不同学科的理论观点。在跨学科教学过程中，一方面，学生扎实掌握本专业相关知识，积累相关基本技能，实现专业个人发展；另一方面，在相关创新创业课程开设之下掌握基础创业技能，学习基本创业技巧，"这既是时代赋予高等教育的新使命，也是高校更好地生存和发展的战略任务，更是建设创新型国家和实施人力资源强国战略的重要措施"[4]。在此融合教学过程中，两者达到有机融合，为实现全面个人发展助力，为培养全面发展的大学生人才提供有效路径。

2. 实践课程的增加

实践课程的增加对于培养学生的创新思维和创业能力具有重大意义。通过实践课程，学生可以亲身体验创新创业的全过程，这种将理论知识与实际操作相结合的培养模式，对于培养学生的实际操作能力和问题解决能力都具有重要作用。同时，实践课程也可以为学生提供更多的学习机会和应用资源，如与行业专家和创业者的交流、参加创新创业竞赛等，这些都有助于激发学生的创新意识和创业热情。吉林大学代表团在参加创新创业类大赛中获得的卓越成绩，均与学校的高度重视和大力支持有关。

3. 专题讲座和研讨会的开展

专题讲座和研讨会是培养学生创新思维和创业能力的重要途径之一。通过专题讲座和研讨会，学生可以了解行业前沿知识和发展趋势，拓宽自己的视野和思路，从交流合作中激发创新灵感，进一步投身创新实践。同时，与行业专家和创业者的交流可以为学生提供更多的实践经验和有益指导，帮助学生更好地理解和应对实际创业过程中的挑战。从具体路径来分析，对于邀请行业专家和创业者分享经验,讲座内容的主题多样,涉及社会诸多领域,涵盖创新创业的各个方面,可以拓宽学生视野;也可以组织主题研讨会,让学生围绕某一主题进行深入探讨和研究,引导学生关注与了解行业前景;还可以组织交流会,为同辈提供交流学习的平台,引导学生总结经验,学习他人的成功典范,以提高自身的实践能力。

(二)师资力量

师资力量在大学生创新创业教育中起着至关重要的作用。师资力量的质量和数量直接影响创新创业教育的教学质量和实践效果,只有具备丰富经验和专业知识的教师才能有效地引导学生开展创新创业实践,培养学生的创新意识和创业能力。同时,师资力量是创新创业教育课程建设和教学资源开发的重要力量,教师可以通过与企业、行业合作,引入实际案例和实践项目,丰富课程内容,提高教学质量。作为学校教学环节中的关键主体,教师在创新创业教育和专业教育中发挥的作用是不容小觑的,尤其是那些本身专业能力过硬,又有着相关创新创业经验的老师,是向学生传授知识、带领学生开展实践的主要力量。

1. 教师个人的培训与进修

教师个人的培训和进修是提高教师专业素养和教学能力的重要途径之一,对于创新创业教育颇受重视的今天来说更是如此。创新创业教育是一个包孕广泛的概念,其中涉及多个领域的相关知识和技能,可以划分为创新思维、创业管理、创业实践等方面的教育。从教师这一教学主体出发,通过具体实操课程的培训与进修,任课教师可以更加系统地学习与掌握创新创业教育方面的知识和技能,并在此基础之上结合基础专业知识,锻炼提升自己的专业水平与教学技能。此外,创新创业教育也不能够空谈理论,更需要与行业发展情况紧密联系,通过具体的培训活动,教师可以掌握最新的创新创业理念,并且将这些理念融入教学实践之中,稳步提升教学质量,进而开展针对性的教学活动,切实解决学生面临的相关创业方面的专业问题。

2. 外校和社会专家与名家的引进

外部尤其是社会上的专家通常具备非常丰富的实践经验与专业知识,这一类人才的引进势必会为学校的发展带来崭新的路径，进而促进学校创新创业教育的发展。具有创业经验的专家在被邀请担任客座教授或导师时可以提供宝贵的经验和指导，分享自己在相关领域丰富的实践经验，吸引学生深入了解创业的全过程，为学生提供生动实际的案例与成功的操作经验，进而帮助学生更好地理解和掌握创新创业的实践本领。此外，相关专家还可以通过会议或讲座中与学生的互动，细致发现学生身上潜在的能力和发展空间，进而为学生提供个性化的指导，帮助学生更好地发挥自己的创新能力和创业精神，坚定创业自信。

3. 个性化指导的提供

个性化指导是指针对学生的个人创业需求和固有能力，提供定制化的建议和指导，帮助学生更好地投身于创业热潮之中。教师在与学生一对一交流的过程中，依托自身的专业素养和生平阅历，深入了解学生学习过程中存在的专业知识问题，提供针对性的解决意见。此外，学生在创新创业过程中势必会遇到各种问题，个性化指导可以为学生提供更加具体和实用的解决方案，帮助学生克服困难。个性化指导从各个方面来说，对于促进学生的自我探索与发展有着不可忽视的重要作用。通过与导师的一对一交流，学生可以进一步了解自己真实存在的问题，或者发掘自己的潜力和特长，助力培养自己的创新思维，为未来的就业发展以及社会进步做出更大的贡献。学校也要突出个性化培养的重要性，在合适条件下为学生提供个性化指导服务，动员相关专业的老师参与进来，建立导师制度，鼓励学生与导师进行深入交流，为学生提供更加优质和专业的指导服务。

（三）实践教学

实践教学是大学生创业落到实处的重要一环，它能够为学生提供将理论与实践结合的机会，学生个人也会借此锻炼与提升自己的创业能力。学校要承担培养学生的重要使命，加大相关实践教学资金与精力投入力度，重视学生自身发展的宝贵机遇，注意采用产学研结合的方式，为学生提供更多的实践资源，鼓励学生在现实中进行创新与创业。

1. 校企合作

校企合作能够将高校的理论优势与企业的实践经验相结合，为学生提供更全面的创新创业教育。这种产学研一体化的模式能够加速科技创新和成果转化，推动产业更新升级和社会长足发展。高校和企业应该加强合作，共同推进创新创业教育的发展，培养出更多具备创新思维和创业能力的高素质人才。学校根据学科特性不同，以学院为单位与诸多企业或实践基地开展合作，"高校应树立'专业化、全程化、分阶段'的理念，结合文科专业学生特点设置贯穿大学学习各阶段的职业生涯规划课程"[5]。譬如，吉林大学文学院与长发人力资源产业投资（长春）有限公司签署校企合作协议，在大学生职业规划指导、高校毕业生求职就业等方面加强良性沟通与深入合作，推进合作共赢。

2. 实践基地建设

建设实践基地意义重大，学生在学校学习的时间相比进行具体实操的时间更为充裕，理论有余而实践不足。实践基地建设则弥补了这一不足，为学生提供了真切实在的实践环境，以及硬件设施，帮助他们将理论知识应用于实际操作中，提高实践能力和增强创新思维。然而，实践基地的建设需要注重学科特色，应有机结合学科的相关特点与需求，并且根据不同学科要求来设计具体环节和准备相应设施，这样一来既可以确保学生在实践基地中能够获得与所学专业相关的实践经验，也能够在实践基础上促进学生个人学习能力增强。但也要注意实践基地的多元化发展，使之涵盖不同行业，给学生提供多样选择的空间，使学生可以根据自己的兴趣和职业规划选择相应的实践项目。

3. 创业实训项目

创业实训项目同样也是创新创业教育与专业教育融合的重要途径。从本质而言，创业实训和实践基地建设一样，是一种通过模拟真实创业环境帮助学生了解创业过程的教育项目。它以实践为目的，注重培养与锻炼学生的实际操作能力。在具体项目过程中，学生亲自动手操作，进而完成真实可见的创业任务，也就在实践层面锻炼了自己解决问题的能力。当然，创业实训更加注重培养学生的团队协作能力，学生以团队为单位参与项目建设，收获共同实践成果。作为一种有效的教育方式，它既能帮助学生了解创业的全过程，又通过模拟真实环境、团队协作、创新思维培养等方式进行综合培养，为学生未来的创业之路打下坚实的基础。创业实训项目的积极开展，从个人层面可以提高学生的创业能力，从社会层面可以为社会培养更多具有创新精神的人才，对于推动创新型社会的建设与实现大学生的个人价值都具有重大意义。

（四）评价体系

在大学生创业实训项目中，建立合理的评价体系对于确保项目的质量和学生学习的效果非常重要。评价体系应综合考虑多个方面，包括项目完成度、创新性、团队协作能力以及自我评价与反思等。通过合理的评价体系，可以全面评估学生的创业实训效果，为他们提供有针对性的反馈和建议，督促他们成长和发展。

1. 学分制改革

学分制改革具有很大的现实意义，是更好满足社会发展的需要、提高教育质量的现实举措。通过学分制改革，高校进一步细化学分分配，将创新成果、创业实践等相关创业过程纳入学分管理，与专业课学习放到同等重要地位，一方面鼓励学生积极参与创业项目，开展创业活动，另一方面提高学生包括专业知识在内的综合素质。并且学分制改革也有助于促进高校教育教学进一步与社会硬性需求挂钩，为促进经济发展和社会进步输送更多高质量人才。总之，学分制改革是高校教育改革的重要一环，对于学生个人发展和学校教育发展都有重大意义。

2. 毕业生跟踪调查

高校的教育任务并不以学生毕业为终结，而是需要跟踪毕业生的就业去向，重视毕业生相关信息的搜集，为学校的教育改革提供必要支持。毕业生跟踪调查旨在了解毕业生的具体发展状况和就业单位的反馈意见，以此为基点评估创新创业教育与实践的成效如何，进而为教育教学改革提供数据支持。从细节方面而言，高校需要建立完善的毕业生跟踪调查制度，细化调查方式与内容，尽可能确保调查的系统性和可持续性。从形式上可以采用问卷调查、访谈、座谈会等多种样式，从方法而言，也可以利用现代信息技术等手段，进行问卷调查与数据分析，进一步提升调查的效率与准确度。这有助于从学校层面分析毕业生的就业竞争力、专业对口率、岗位适应能力等数据，为教育教学改革提供现实依据。

三 关于创新创业教育与专业教育融合的策略

"创业教育与专业教育，合则双赢，离则两伤。"[6]高校应进一步提升对创新创业教育的重视程度，并将之纳入学校发展的核心战略规划。通过强化领导、教师、学生及社会等多方面的参与，加大宣传、培训和合作力度，为创新创业教育的发展提供有力的保障，从而推动创新创业教育与专业教育的深度融合。

从制度体系方面而言，高校应在制度上提供支持，积极响应建立健全保障机制的号召，从制度层面确保创新创业教育与专业教育的深度有机融合。除了政策支持以外，还需要保证充足的资金投入和优质教学资源的整合。为了贯彻落实这一目标，高校应继续加大宣传力度，吸引社会和企业驻足，尽可能为学生提供多样的培训与学习机会，用实际行动来激发师生的创新创业热情。

从高校以外的主体而言，要加强与社会、企业的深度统筹合作，积极完善实践教学的新渠道，身体力行地为学生提供更多的实践资源，从实践教学、校企合作、竞赛组织等方面入手，加大宣传力度，为学生创造更多优质的实践平台。这对于提高学生的实践能力、培养学生的创新精神和创业意识、促进学生的全面发展具有不容小觑的作用。

营造良好的创新创业氛围，号召带动学生参与创新创业活动，是推动高校创新创业教育与专业教育融合的重要举措。校园是学生进行学习生活的外在环境，只有生活于鼓励尝试、宽容失败的氛围中，学生才能充分发挥自己的创造力。高校可以通过举办创新创业讲座、论坛、展览、竞赛等具体措施，引导学生树立正确的创新创业观念，养成创新意识与创业精神。高校也要加强自身的文化氛围、实践活动、创业支持等建设，进一步提升宣传、培训、合作等方面的深度，为学生提供更多的实践平台。

结 语

创新创业教育与专业教育的融合是高等教育发展的必然趋势，这种教育模式对于培养创新创业人才、提高国家创新能力、建设创新型社会都具有重大意义。通过构建和实施有效的整合模式和具体策略，既可以大大增强学生的创新思维和创业能力，也会为社会输送更多高素质人才。为了顺应"大众创业、万众创新"的大潮流，学校和社会必须共同努力，助力推动创新创业教育与专业教育深度融合，为我国经济社会发展注入新的活力。

参考文献

［1］珠兰．在线教育背景下大学生创新创业教育中有效性分析［J］．教育现代化，2018（25）：21-22.

［2］刘媛．创新创业教育与专业教育融合在大学生就业能力培育中的作用［J］．智库时代，2020（14）：62-63.

［3］李学宁．中小学跨学科课程研发的实践思考［J］．广东教育（综合版），2022（2）：39-40.

［4］李杰．大学生创新创业教育与专业教育深度优化融合探析［J］．中国成人教育，2019（5）：38-41.

［5］彭希宁．文科类大学生创新创业教育与专业教育融合发展策略探析［J］．科教文汇，2022（7）：27-29.

［6］成伟．从背离到融合：大学生创业教育与专业教育关系的创新［J］．教育发展研究，2018（11）：80-84.

Research on the Integration Mode of College Students' Innovation and Entrepreneurship Education and Professional Education

Zhou Xiaomeng

Abstract：The implementation of innovation and entrepreneurship education for college students requires long-term and systematic efforts. Only by relying on professional knowledge and skills and effectively integrating professional education can it conforms to the trend of national education reform, improves college students' comprehensive learning abilities, and provides guidance for solving the country's employment problems. This article explores how to build an integration mode of innovation and entrepreneurship education and professional education for college students from four aspects: curriculum, teachers, practical teaching and evaluation system. In terms of specific strategies, universities should provide support at the institutional level, strengthen in-depth overall cooperation with society and enterprises, and create a good atmosphere for innovation and entrepreneurship.

Keywords: Innovation and Entrepreneurship Education; Professional Education; Higher Education

◎双创实践◎

建筑类高校创新创业"三位一体"模式下的探索与实践

——以吉林建筑大学橡枋团队为例

郭柏希　陈一鸣　万星辰

【摘　要】建筑类高校由于发展方式更加强调实践和创新，与创新创业教育的要求高度吻合。吉林建筑大学橡枋团队，采用"三位一体"即"学生团队—创新创业项目—指导教师"的团队建设模式，有效整合教育资源、激发学生的创新精神和创业意识、提高实践能力和团队协作能力。通过技术创新提供有竞争力的产品或服务，通过商业模式创新实现商业化和盈利，通过市场创新建立品牌和用户关系，从而推动项目的成功。此外，深度参与产学研合作，推动了新文科建设。

【关 键 词】创新创业教育　创新创业实践　建筑类高校　吉林建筑大学

引　言

在我国，创新创业已经成为国家战略，社会各界强调通过创新创业教育，培养出富有创新精神和创业能力的人才，以适应社会经济发展的需要。建筑类高校的发展方式有其独特性——更加强调实践和创新，这与创新创业教育的要

【作者简介】郭柏希，吉林建筑大学大学生创新创业教育学院双创实践中心主任，讲师，研究方向为就业、创业教育。陈一鸣，吉林建筑大学材料科学与工程学院本科生。万星辰，吉林建筑大学测绘与勘查工程学院本科生。

求高度吻合。

在创新创业教育的背景下，建筑类高校学生积极响应创新创业教育，自主创建团队呈现蓬勃发展的态势。[1]通过参与创业团队，学生提升自己的创新创业能力，并培养团队协作和领导能力。团队的实践活动也推动创新创业教育在建筑类高校的实施和落地。但大部分团队在建立后，无法对项目进行深度实践，导致无法顺利进入下一发展阶段。

吉林建筑大学橡枋团队于2017年成立，历时8年致力于古建保护工作，团队成员覆盖学校多专业。本文以吉林建筑大学橡枋团队为例，深入剖析项目团队在不断摸索的过程中对"三位一体"的团队建设模式、"三位一体"的创新思路以及"三位一体"的合作模式的应用成果及经验，以期为各类高校的创新创业教育和实践提供参考。

一 "三位一体"团队建设模式

团队在创新创业教育中起着重要作用，但成功的团队百里挑一，好的团队模式对于团队建设起到积极作用。团队是团队成员价值观和理想信念的体现，团队中的成员围绕共同的项目目标发挥效力，为了集体利益尽心尽力，勇于牺牲部分个人利益，因而创新创业教育必须着重围绕实践和培养团队精神来开展。

在8年的发展历程中，吉林建筑大学橡枋团队在建设中探索、在探索中找寻经验，采用"三位一体"即"学生团队—创新创业项目—指导教师"模式，有效整合教育资源，激发学生的创新精神和创业意识，提高实践能力和团队协作能力。

在前期发展中，学生参与程度并不理想：一是没有明确的目标驱动；二是单单进行理论研究，没有实际去理解项目，导致学生认为理解困难、乏力。为了解决这一问题，指导教师利用多年专业知识的积累给出建议及方向，同时同学校沟通，利用学校实验室资源带领大家走出理论困境，逐渐走向实践过程，解决前期发展过程中实践难的问题，团队学生利用大学生创新创业训练项目进行立项，以此进行进一步研究。

在中前期阶段，团队虽明确了方向，同时能够自主进行一些创新，但项目分点太多，个人能力有限，这就需要新鲜血液——新成员的加入。此时团队刚刚站稳脚跟，知名度不高，故选择通过团队成员自主推荐，并与当事人沟通的方式招募新人，此时团队中有来自6个学院的9名同学，实现学科交叉互融。但同时，团队面临新困境，技术研发出来后无法落地实施，且资金不足以支撑下一步的研发，团队陷入了困局。

中期阶段，团队学生在学校创新创业教育政策的支持下，开始参加各类创新创业竞赛[2]，并将通过竞赛获得的奖金投入项目中去。在创新创业竞赛中取得傲人成绩，通过学校的产教融合以及学院教师的资源，团队研究成果落地，与长春明轩文化传媒有限公司进行合作，负责2021年昆明市历史保护建筑三维数字档案（创建），由此走出了第一步。

中后期阶段，随着第一步的迈出，团队与全国各地的古建筑保护协会进行沟通，并成功对部分古建筑进行技术复原。此时，已有部分媒体对项目进行报道，项目逐渐走进大家的视野。

后期阶段，针对团队新成员纳入、团队传承、团队基本建设、项目知识产权归属、调研经费、收入分配等方面进行规范的管理。

团队新成员纳入：团队通过校内宣传，筛选出对项目有浓烈兴趣的同学，并通过一对一的（团队成员同报名同学）谈话，择优择专业确定结果。新成员在进入团队后，由指导教师以及团队团长、副团长进行为期一年的考核。

团队传承：在团队成员一轮又一轮的交替中，涌现不少优秀学生，他们在团队建设发展过程中有着自己的见解与经验，通过面对面讲述或者线上经验分享，对新成员起到引领作用。

团队基本建设：需要持续投资于团队的基础设施，包括技术、设备、软件和培训资源，以便团队可以继续高效地工作。同时，团队以项目对口专业——测勘专业为基础，以经管、土木、材料等专业为辅助，各专业学生各司其职，所有成员由团长分配任务。

项目知识产权归属：明确规定关于项目产出的知识产权归属，以防止未来可能出现的纠纷。学校归属：在学校提供了资源、设备、指导或资金支持，或者项目是在学校的指导下进行的情况下，学校对项目的知识产权享有一定的权益。学生归属：学生对团队项目的知识产权享有绝对归属权。项目是由学生自主创造或开发的，学生在项目中发挥了主导作用，并且没有使用学校的资源，而对于贡献度不同，体现在作者署名顺序上。合作归属：在一些情况下，学生团队项目的知识产权可能会根据合作协议或合同进行分配。如果项目涉及多方合作，各方可以通过协商和签订合作协议来确定知识产权的归属方式。[3]

"三位一体"的团队建设模式对于整合教育资源、激发学生的创新精神和创业意识、提高学生的实践能力和团队协作能力起到了关键的作用。在这个模式中，"学生团队"是实践的主体，他们通过参与实际的创新创业项目，提高了实践能力和团队协作能力；"创新创业项目"是实践的载体，它提供了一个平台，让学生能够将理论知识应用到实际中，进行创新和创业；"指导教师"是实践的引导者，他们通过专业知识和经验的指导，帮助学生解决项目中遇到的问题，引导学生进行创新和创业。[4]通过这种模式，橡枋团队有效地整合了教育资源，激发了学生的创新精神和创业意识，提高了实践能力和团队协作能力，为团队的发展和学生的成长提供了有力的支持。[5]

二 "三位一体"的创新思路

"三位一体"的创新思路是将技术、商业和市场三个方面有机地结合起来，形成一个创新的整体。在团队进行的创新创业项目中，这种思路帮助团队在从技术创新到商业模式创新的过程中，充分考虑市场需求和商业可行性，从而提高项目的成功率和商业价值。通过技术创新提供有竞争力的产品或服务，通过商业模式创新实现商业化和盈利，通过市场创新建立品牌和用户关系，从而推动项目的成功。[6]

（一）技术创新

技术创新是创新创业项目的基础。以浙江省古建筑群为例，"诸葛、长乐村民居"之长乐村望云楼（第四批全国重点文物保护单位）火灾致使占地380平方米的望云楼全部烧毁，毗邻文物建筑——象贤厅和滋树堂（均为国保组成部分）的部分山墙受到损伤。毫无疑问，数字化技术在建筑保护领域能够提供巨大帮助[7]。

对此，团队利用成员各学科创新方向与学科基础进行深度研究并以此为基础开创新模式。团队建筑专业、测勘专业学生利用激光扫描、三维建模等技术手段，对古建筑进行数字化建模和重建。通过获取精确的建筑数据，可以更好地了解古建筑的结构和特点，为修复和保护工作提供参考。并研发出智能监测与预警系统，对古建筑的结构、温湿度、震动等参数进行实时监测和分析。通过智能化的监测系统，可以及时发现古建筑的潜在问题，并采取相应的修复和保护措施。建立文化遗产数字化平台[8]，将古建筑的信息、历史和文化价值进行整合和展示。通过数字化平台，可以提供更多的知识和资源，促进古建筑的保护与传承。

对于团队内其他专业的学生，以吉林建筑大学材料科学与工程学院学生为例，通过实验分析以及不断探索新的材料工艺，提高古建筑的修复效果和保护效果。在传统的修复工艺的基础上，研发出具有保护性的新材料以增强修复的可持续性和耐久性。

团队内多学科交叉互融，为市场需求提供更好的、更全面的满足方案。通过技术的创新、材料的创新，帮助团队在竞争中获得差异化优势。目前，团队同多个文保中心达成合作。

（二）商业模式创新

团队力求追寻时代脚步，顺应时代的发展。随着中国国力的不断增强和国际地位的提升，人们对传统文化的自信心也在增强。古建筑作为中国传统文化的重要代表，被视为中国文化的瑰宝和精髓，因此受到更多的重视和保护。旅游业的快速发展和人们对旅游文化的需求增加，使得古建筑成为热门的旅游景点和文化体验项目。越来越多的人愿意参观、学习和了解古建筑，这也促使相关机构和政府加大对古建筑的保护和修复力度。人们对古建筑的保护意识逐渐觉醒，认识到古建筑的独特价值和不可再生性。古建筑代表了历史的记忆和文化的传承，是人们与过去联系的桥梁，因此保护古建筑被认为是对历史和文化的责任和义务。在此基础上，团队开创了商业新模式。

商业模式创新是将技术创新转化为商业价值的关键环节。通过重新设计和优化商业模式，可以创造新的商业机会，开辟新的市场。商业模式创新包括产品定价策略、分销渠道、合作伙伴关系等方面的创新。通过创新商业模式，团队实现盈利模式的转变，提高市场份额和利润率。

（1）文化创意产品开发：团队同部分文旅单位洽谈合作，在授权下开发与古建筑相关的文化创意产品。设计并制作独特的纪念品、手工艺品、艺术品等，通过学校渠道推广和销售。团队利用本地特色材料和工艺，打造与古建筑相关的高品质文化创意产品。并在古建筑保护项目的访客中心或周边设立销售点，实现文化创意产品的展示和销售。

（2）科技应用与数字化服务：利用先进的科技和数字化技术，提供古建筑保护的创新产品和服务。具体实施方法包括：使用无人机进行古建筑的三维扫描和勘测，获取精确的建筑数据；开发虚拟现实导览应用，让游客通过虚拟现实技术体验古建筑的历史和文化；建立数字化文物档案管理系统，方便对文物信息进行整理、存储和共享。

下一阶段，团队预想建立与相关旅游机构、文化机构、地方政府等的合作伙伴关系，共同推广古建筑保护项目。可以通过联合营销活动、共同开展文化旅游项目、共享资源等方式，实现互利共赢的合作。具体实施方法包括：与旅游机构合作，将古建筑保护项目纳入其旅游线路中，提供专业解说和导览服务；与文化机构合作，共同举办文化活动和展览，吸引更多的观众和游客；与地方政府合作[9]，共同策划和推广古建筑保护项目，争取政府的支持和资金。

在新时代背景下，针对古建筑保护的商业新模式，橡枋团队在共同努力和协作下不断探索与研究。以下是团队总结出的一些实践经验。

（1）市场调研和需求分析：团队成员需要进行市场调研，了解市场的需求和趋势。可以通过问卷调查、访谈、分析竞争对手等方式收集数据，以便更好地理解目标市场的需求，并据此制定商业模式创新的策略。

（2）创新思维和跨学科合作：团队成员应具有创新思维，勇于尝试新的商业模式。同时，跨学科合作也是非常重要的，团队成员可以共享知识和经验，从不同的角度思考问题，以获得更全面的解决方案。

（3）合作伙伴关系和资源整合：团队成员应积极寻求合作伙伴关系，与政府机构、文化机构、旅游机构等建立合作关系，共同推动古建筑保护商业模式创新。合作伙伴可以提供资源、技术支持、市场渠道等方面的帮助，加速商业模式创新的实施。

（4）持续学习和改进：商业模式创新是一个持续的过程，团队成员应保持学习和改进的态度。他们可以参加行业研讨会、培训课程以及学习新技术和管理方法等，以不断提升团队的能力和创新水平。

（三）市场创新

对于市场创新，橡枋团队是将技术创新和商业模式创新与市场需求结合。通过深入了解目标市场和用户需求，可以开发出符合市场需求的创新产品或服务。

通过对古建筑的监测保护，衍生出针对普通工程建筑的监测项目，针对市场需求进行四个阶段的研发：第一阶段，对岩土体变形监测网优化设计方法和变形监测网平差计算方法进行深入分析，旨在增强现有网型设计和平差方法的适用性；第二阶段，结合典型工程案例对岩土体变形监测的方法、手段进行应用试验，旨在将前沿的测绘技术应用于岩土体变形监测；第三阶段，基于获取的变形监测数据，构建精度较高和可靠性较强的预测模型；第四阶段，综合分析岩土体变形影响因子的作用机制，研制开发岩土体变形智能分析与预报系统。项目研究成果可为工程灾害预防提供技术指导，为制定相关工程地方标准提供技术支持。

在项目实施过程中采用理论研究、程序开发和应用试验相结合的方法开展项目研究工作。在原有项目的基础上通过对各类方法的研究，提出的新技术方法不受施工条件及场地限制，更能满足工程快速施工对变形监测工作的要求；构建基于PCA-SVM和AKF理论的变形预测模型，并研发了工程岩土体变形监测数据处理系统。

三 "三位一体"的合作模式

橡枋团队的创新创业项目在一定程度上激发了学生对专业学习的兴趣、培养了学生的创新意识和能力、提升了学生的综合素质、增强了学生的家国情怀，带动了吉林建筑大学与长春市市政工程设计研究院开展古建筑修复的产学研合作，推动了新文科建设。

新文科建设的一个重点就是探索多方协同育人模式的改革与实践，目的在于加强高校与社会的联系，促进高等教育与经济社会协调发展。产教融合育人在高等工程教育人才培养过程中发挥着重要作用。工程教育的发展历来都与产业发展密切相关，科技进步推动着产业升级，产业结构的升级转型也为工程教育改革指明了方向。2017年，国务院办公厅出台《关于深化产教融合的若干意见》，提出要着力构建教育和产业统筹融合发展格局。同时，高等教育领域适时而动，结合国家发展战略，提出了工程教育改革的新方向——建设新文科[10]。

团队依托学校大学生创新创业中心提供的平台，有计划地组织集学生美育、社会美育、文化体验于一体的创意集市活动，让学生在搭建古建筑模型或者设计文创产品的实践过程中领略中华文化的博大与精深，全方位地体验蕴含在古建筑中的传统文化。同时，面向社会推出古建筑文化的历史价值与艺术内涵科普活动，联合国内外高校开展古建筑修复设计创作比赛[11]，集专家讲座、课题调研、社会实践、参与体验等模块于一体，让学生了解我们的历史，了解我们的文化，从而建立文化自信心，实现文化的传承与发展。

结　语

在创新创业教育日益受到重视的今天，学生自主创建团队已成为培养创新精神和创业能力的重要途径。然而，如何有效地解决团队建设过程中存在的问题，提高学生的个人能力、促进团队协作以及使创新创业教育落地实施，仍然是一个值得深入探讨的问题。"三位一体"模式的提出为解决这一问题提供了新的思路。模式强调从团队建设模式、创新思路和合作模式三个方面进行综合性的探索与实践，旨在打造一个具有高度自主性、创新性和协作性的团队。

以吉林建筑大学橡枋团队为例，在"三位一体"模式的指导下，成功地解决了团队成员积极性差、项目自主创新性弱、合作渠道少等问题。近年来，团队取得了一系列的实践成果，团队成员每年累计发表相关专业论文6~8篇，申请软件著作权5~8人次，校级以上立项2~3个，在中国国际"互联网+"大学生创新创业大赛、"挑战杯"全国大学生课外学术科技作品竞赛等各类学科竞赛中取得优异成绩。通过这种模式的实践，团队的成员个人能力得到了提升，团队协作得到了加强，项目自主创新性得到了体现，合作渠道也得到了拓展。这些实践成果充分证明了"三位一体"模式的可行性和有效性。

因此，对于建筑类高校而言，在创新创业教育的背景下，应该积极引导学生自主创建团队，并不断探索和实践"三位一体"模式。同时，高校还应该为学生提供更加丰富的学习资源和更加广阔的实践平台，鼓励学生积极参加各种创新创业实践活动，以不断提高他们的综合素质和能力水平。此外，高校还应该加强与企业、政府等相关机构的合作与交流，为学生提供更多的实践机会和资源支持。通过与企业的合作，学生可以更加深入地了解市场需求和行业发展趋势，从而更好地进行创新创业实践。通过与政府的合作，学生可以获得更多的政策支持和资金扶持，从而更好地实现创新创业梦想。

参考文献

[1] 张晓. 建筑类高校创新创业教育现存问题及发展路径研究［D］. 吉林建筑大学硕士学位论文，2021.

[2] 聂影影，张云鹏，董梦晨，田园. 以赛促教视角下创新创业教育实践育人体系研究［J］. 北华航天工业学院学报，2023，33（6）：56-58+62.

[3] 贾征，龚柏松. 高校创新创业教育与专业教育融合的路径研究［J］. 学校党建与思想教育，2023（24）：78-80.

[4] 黄光能. 大学生创新创业教育存在的问题及对策探讨［J］. 云南大学学报（自然科学版），2018，40（S1）：70-75.

[5] 何振芳，肖燕，马雪梅，汤庆新，龙银平. 基于"团队+竞赛+导师"项目化学习模式的大学生创新创业素养培育研究与实践［J］. 高教学刊，2023，

[6] 陈桂，肖晔，袁叶，李建华. 新工科背景下的高校双创教育改革路径 [J]. 中国教育技术装备（网络首发），2023-11-27.

[7] 邓凯灵，毛佳，张驰，杨雪松. 古建筑数字化测绘技术研究与应用前景 [J]. 中外建筑，2023（9）：29-35.

[8] 高华，黄剑锋. 基于虚拟现实技术的"文化古建"数字化保护和研究 [J]. 城市住宅，2020，27（6）：55-56.

[9] 李广福，顾群业. 新工科背景下数字媒体艺术专业的产教融合探索与实践 [J]. 山东工艺美术学院学报，2020（4）：71-74.

[10] 朱晓刚，廖源菁. 我国新文科建设应处理好四种关系 [J]. 内蒙古师范大学学报（教育科学版），2023（6）：1-6.

[11] 胡桃，沈莉. 国外创新创业教育模式对我国高校的启示 [J]. 中国大学教学，2013（2）：91-94+90.

Exploration and Practice of the "Three in One" Mode of Innovation and Entrepreneurship in Architecture Universities
—A Case Study of the Chuanfang Team at Jilin Jianzhu University

Guo Baixi, Chen Yiming, Wan Xingchen

Abstract：As the development mode of architecture universities pays more emphasis on practice and innovation, it is highly consistent with the requirements of innovation and entrepreneurship education. Chuanfang Team at Jilin Jianzhu University adopts the "Three in One" team building mode of "student team—innovation and entrepreneurship projects—instructors" to effectively integrate educational resources, stimulate students' innovative spirit and entrepreneurial awareness, and improve practical ability and teamwork ability. Provide competitive products or services through technological innovation, achieve commercialization and profitability through business mode innovation, and establish brand and user relationships through market innovation, to promote the success of projects. In addition, it is deeply involved in industry-university-research cooperation and promotes the construction of new liberal arts.

Keywords: Innovation and Entrepreneurship Education; Innovation and Entrepreneurship Practice; Architecture University; Jilin Jianzhu University

◎产教融合◎

传统制造业企业数字创业机会共创机理

——以一汽红旗品牌为例

张 敏 张 鑫

【摘　要】 运用纵向单案例研究方法，以一汽红旗品牌为例，本文对传统制造业企业数字创业机会共创机理进行研究。研究表明，传统制造业企业的数字创业机会共创过程符合效果逻辑，形成"业务驱动型数字创业机会共创"以及"创新驱动型数字创业机会共创"两条路径。最终构建了传统制造业企业的"情景—数字创业机会集—数字创业机会共创路径—数字创业机会共创结果"机理模型。

【关　键　词】 数字创业　机会共创　传统制造业企业　一汽红旗

当今时代，数字化热潮的兴起给传统制造业企业带来了前所未有的挑战。在习近平总书记提出的"加快完善数字基础设施，推进数据资源整合和开放共享，加快建设数字中国"的数字化战略基础上，2020年国务院发布了《关于加快推进国有企业数字化转型工作的通知》，指出国有企业要运用5G、人工智能等信息技术，探索构建适应企业业务特点和发展需求的"数据中台"，为业务的数字化创新提供高效数据及一体化服务支撑。以此为契机，传统制造业企业积极进行数字化转型升级，并在此过程中寻找数字创业机会，通过数字创业更好地适应数字时代。

【基金项目】教育部人文社会科学研究青年基金项目"创业生态系统视角下数字创业机会共创机理研究"（20YJC630209）；长春理工大学基地扶持专项"数字化转型驱动的制造业在位企业战略创业能力构建研究"（KYC-JDY-2021-01）。

【作者简介】张敏，长春理工大学经济管理学院主任，副教授，硕士研究生导师，研究方向为数字创新与数字创业；张鑫，长春理工大学经济管理学院硕士研究生，研究方向为数字创新与数字创业。

传统制造业企业的数字创业活动在实践中蓬勃发展，但理论研究较为滞后。学术界已有的创业机会研究主要从"发现观"和"创造观"两个截然不同的视角开展[1-2]，两种观点存在矛盾，因此部分学者尝试将二者整合，比如研究二者之间的相互转化[3-4]。此外，创业机会共创的观点也逐渐引起关注[5]，认为创业者之间[6]，或创业者与研发机构之间均能够共同创造创业机会[7]。实践表明，传统制造业企业的数字化转型不能仅依靠单一力量，还需要其他利益相关者的共同参与。然而，现有研究较少涉及传统企业在进行数字创业活动时与其他利益相关者的机会共创行为。传统制造业企业数字创业机会共创理论亟须构建与发展，需要针对传统制造业企业数字创业机会共创的实现路径有哪些、其数字创业机会共创机理是怎样的，这样一些核心问题展开研究。

鉴于此，本文基于对一汽红旗品牌的案例分析，深入挖掘传统制造业企业数字创业机会共创机理，对上述问题进行回应。

一 文献回顾

（一）数字创业的内涵

数字创业是运用数字技术推进企业数字化发展的创业过程，企业可以将数字技术嵌入原有的产品、服务内，或者以数字技术为基础打造全新产品或服务[8]。大数据、云计算等新兴技术均为数字技术的典型代表[9]。数字技术由数字组件、数字平台以及数字基础设施三种既相关又存在差异的要素构成[10]。Giones和Brem[11]提出数字创业是针对数字产品或服务的创业活动，是以实现对数字产品或服务的机会识别和开发为目标的过程，但也并非局限于数字产品或服务，如Uber司机[12]。朱秀梅等[13]总结性地提出在数字经济热潮的推动下，数字创业是数字创业者和数字创业团队，跟随进入或领先进入数字市场，创造数字产品或数字服务的过程。本文认为，凡是将产业、服务或者业务的主要部分转为数字发展的企业活动都可以表征为数字创业。

（二）效果逻辑与创业机会

效果逻辑起源于1978年西蒙的有限理性决策，是一种基于人类塑造未来的过程建立的、针对不确定性情景的一般决策理论，是创业理解范式的转换。效果逻辑视角下的创业机会，是在市场供求关系还未确定的情景下，创业者从自身特定条件出发主动创造的创业机会。信息和知识掌握程度不同造成了创业者创业警觉度的差异，相同环境下只有特定的创业机会可以被特定的创业者发现并有效利用。[14]遵从效果逻辑的创业者认为机会和市场是主观存在的，创业行为是动态的、互动的过程，创业者需要主动开发市场、灵活应对环境变化，在不确定中逐渐找到合适的发展方向。[15]在面对不确定环境时，要敢于试错以挖掘市场机会。[16]

Chandler等[17]将效果逻辑决策划分为实验、可承受损失、灵活性以及预先承诺四个维度；Werhahn等[18]将效果逻辑决策划分为手段导向、合作导向、可承受损失导向、意外事件导向以及控制导向五个维度。尽管划分维度不同，但两者之间遵循共同的原则。[19]（1）手段导向原则：创业者在创业初期面临目标模糊以及环境不确定性强的问题，要明确"我是谁""我认识谁"以及"我知道什么"，并进行自我检验。这是创业活动的基础，也是收获满意创业成果的前提。（2）可承受损失原则：创业者在明晰自身定位后，根据自身可承担的风险损失和可接受的风险程度制定创业目标，这既有利于创业者充分利用各类资源，在与利益相关者合作到一定程度后，再根据实际情况明确下一项创业活动，也能有效规避创业失败带来的损失。（3）战略联盟原则：除了挖掘自身潜力外，创业者还会依赖创业生态系统中的其他主体，通过深度沟通、合作将之发展为利益相关者，以共同应对不确定的环境。企业在数字创业初期与其他主体建立合作关系，能促进有效决策的实施，还有利于减轻因创业资源有限而产生的负面影响，分散创业风险，助力企业找到适合实施创业行为的路径。（4）利用意外事件原则：创业过程中存在许多难以预测的事件，创业者不仅需要灵活应对，还需善于在意外中发现新的机会，形成良性循环。能否灵活应对创业环境中不确定性事件是创业者能否脱颖而出的关键。

综上所述，效果逻辑始于创业者对"我是谁""我认识谁"以及"我知道什么"等问题的自我认知，通过与利益相关者互动，寻求承诺以共创未来[20]。运用效果逻辑的决策者会积极地从外部获取各类信息与资源，积极主动地与利益相关者建立战略联盟关系，通过全方位的合作寻找突破口。[15] Sarasvathy等[21]基于效果逻辑构建了动态的效果逻辑过程模型（如图1所示）。

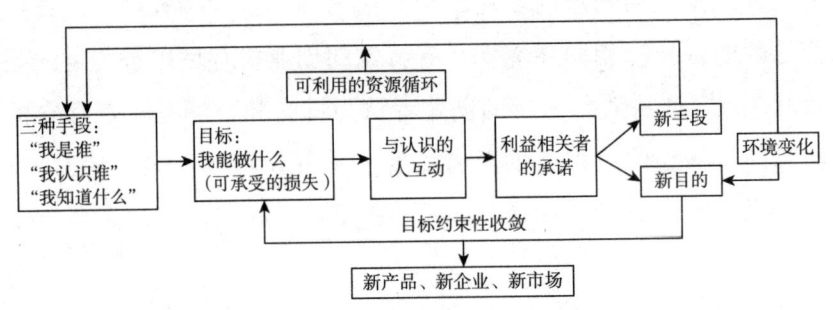

图 1　动态的效果逻辑过程模型

（三）创业机会共创

Sun 和 Im[22]在对墨西哥小微贷款机构、借款人进行研究时，首次提出了"机会共创"的概念。刘小元等[23]认为机会共创是多主体通过资源等方面的交互合作，群策群力，共同解决社会问题，共同创造社会和经济价值的过程，强调每个参与主体在为企业创造新价值的同时，也能像创业者一样获得共同机会带来的利益。张斌等[5]提出创业机会共创是创业者及其利益相关者在创业环境中，共同对创业机会进行一系列复杂交互活动，进而影响要素或者产品市场不完全性竞争的动态演化过程。同时认为，创业机会不是独立存在的，机会作为数字创业过程中的"能量"，存在于各个环节中，在创业者与利益相关者的多主体之间、在多主体与环境之间不间断地被发现、创造、吸收、传递以及集聚，并不断地转化成新的"能量"。因此，在创业过程中的机会是以循环且复杂的机会集形式存在的[24]。创业企业与利益相关者之间通过信息互动、技术等资源整合、知识溢出等方式，对创造出来的机会进行开发和进一步利用，从而形成创业机会的复杂集合。机会集开发是创业主体与利益相关者互动的主要内容，是多主体之间实现机会共创的重要活动。[19]苏郁锋和周翔[25]基于数字可供性视角,以 MCN 机构为研究对象,归纳出"直播电商"情景下"数字机会集—数字可供性—数字机会共创"的机制。

通过文献梳理发现,尽管数字创业机会共创的内涵与机理研究取得了一定的进展,但研究主体多为互联网企业,较少涉及传统制造业企业。现有研究缺乏对传统制造业企业数字创业机会共创过程的探讨,其数字创业机会共创的路径尚不明确,而这正是本文研究的重点。

二 研究设计

(一)研究方法与设计

本文采用探索性纵向单案例研究方法,案例研究是一种对现实进行观察、描述和分析,以提炼出共性规律、找出事物独特性的经验研究方法。在处理"怎么样"和"为什么"两类问题上具有独特优势,其特点在于能够在复杂多变的现实环境中探索规律,还原事物发展的真实过程。适合回应当前研究中尚未涉及的、未被充分探究的解释性问题和探索性问题,特别是单案例研究更适用于提炼复杂的理论和规律。[26]本文的研究目的在于打开传统制造业企业数字创业机会共创的黑箱,需要追溯同一研究对象在时间线上的动向,研究过程表现出较为明显的情景性、动态性以及复杂性,对案例的选择和分析提出了更高的要求。

(二)研究案例选择

本文选择一汽红旗品牌作为研究对象的主要原因在于以下方面。(1)案例典型性。一汽集团作为吉林省最为典型的传统制造业企业,为吉林省的经济增长做出了巨大贡献,是吉林省乃至东北三省极具代表性的传统制造业企业。随着数字时代的到来,"红旗"作为一直备受国人关注的品牌,在一汽集团数字化战略的引领下积极开展数字创业活动,并取得了相应成果,这正是传统制造业企业顺应数字化发展的写照。(2)案例代表性。一汽集团作为第一批进行数字化转型的央企取得了骄人成绩，是我国传统制造业企业开展数字创业的成功典范。一汽红旗品牌目前由一汽集团总部直接运营，一汽集团的数字创业行为可以通过一汽红旗品牌充分体现，一汽集团采取的数字化转型措施也都会落实到一汽红旗品牌上，一汽红旗品牌的数字创业过程更为聚焦，从而更具借鉴意义。（3）数据可获取性。研究团队基于地域优势较早关注一汽红旗品牌，并积极跟踪其数字创业历程，拥有翔实的一手和二手资料，建立了较为充分的数据基础。

（三）相关数据资料收集

本文数据资料的收集与整理依据多样性、验证性与顺序性三个原则开展[21]。（1）在通过半结构化访谈、参加企业内部培训等直接渠道收集一手资料的基础上，积极查询数据库、官方网站、新闻资料、宣传视频、企业家演讲与访谈等信息来收集二手资料，通过丰富的数据资料增强案例研究的客观性。（2）多种来源的数据资料可以相互印证，建立三角证据进行多种检验，保证案例研究具有一定的信度和效度，增强数据资料的科学性和逻辑性。（3）案例研究以时间为重要线索串联数据资料，并借鉴张斌等[5]的研究逻辑，探究一汽红旗品牌数字创业机会共创机理。

为保证访谈资料的信效度，每次访谈结束后访谈小组单独撰写访谈报告，经相关证据提供者审核无误后将之作为下一步案例分析的基础资料。研究小组分三个阶段完成访谈资料收集：第一阶段选择3名高管和3个焦点小组进行访谈；第二阶段选择5名中层管理人员和3个焦点小组进行访谈；第三阶段选择3名中层管理人员，将该阶段人员的访谈资料与前两阶段的对比，发现大量重复性内容出现，据此判断访谈信息饱和。同时，项目组成员自2020年3月起跟踪一汽集团数字化转型进展，参加内部高级经理培训10余次，获得大量企业内部资料，保证了数据的真实性和有效性。

（四）数据编码

本文的案例分析采用李亮等[27]的数据编码方式，对收集到的资料进行多级编码。在编码的过程中，以主要构念和测度方式为依据，以表格的形式呈现结果，完成编码过程。本文编码结果如表1所示。

表1 编码结果

构念	测度变量	关键词	条目数量（个）
情景	市场需求	低碳智能化 个性化 客户中心 定制 用户体验等	8
	政府支持	政策驱动 国企改革 实体经济改革 政府推动等	8
	技术推动	数字化 大数据 人工智能 升级 中台 5G等	14
企业能力积淀	愿景能力	愿景 战略 民族使命 第一品牌等	12
	学习能力	培训 学习 团队 智囊团等	4
	变革能力	组织架构 "四能"实施 改革等	11
利益相关者互动	战略互动	合作 携手 联合 战略协议等	26
数字创业机会集	业务驱动型机会集	生产数字化 营销数字化 研发数字化 运营数字化	32
	创新驱动型机会集	跨界合作 智慧社区 生态	8

三 案例分析

经分析，本文明确了基于效果逻辑的传统制造业企业数字创业机会共创的动态过程：从情景的变化到自我认知改变引发的机会共创运作能力提升，再到与利益相关者互动，寻求承诺产生数字创业机会集，最后在机会集中找到数字创业机会共创的突破口。对收集的材料进行汇总，由编码结果可以总结出传统制造业企业数字创业的效果逻辑框架，如图2所示。

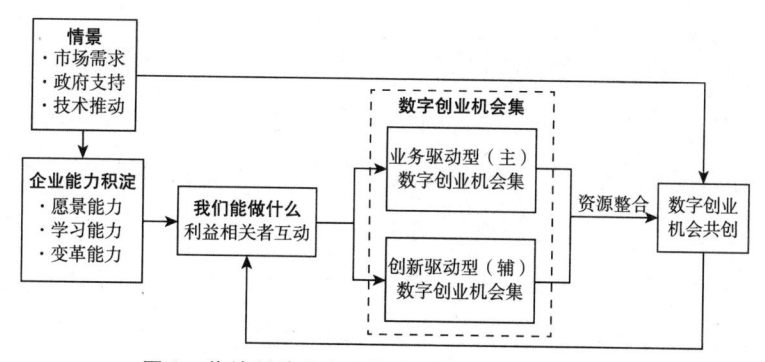

图2 传统制造业企业数字创业的效果逻辑框架

（一）情景

传统制造业企业进行数字创业机会共创是由情景驱动的，当情景发生变化时，创业者需要采取新的创业手段去适应情景的变化。本文收集的资料显示（见表2），可从情景的市场需求、政府支持以及技术推动三个维度进一步回答"我是谁""我认识谁"以及"我知道什么"的问题，帮助传统制造业企业进行数字创业机会共创。

表2 情景典型资料例证及编码

情景	典型证据援引
市场需求	"一切为了消费者，一切服务于消费者，一切谦敬于消费者。"（L3-23）"汽车产品定位发生了改变——从原来的物理、机械终端演变成类似于手机的、具备网联功能的移动终端。"（L3-32）
政府支持	吉林省推动汽车产业数字化转型，全力支持华为等企业与汽车产业深度融合，促进传统产业与数字经济共同发展，加快汽车产业的智能化、共享化。（L3-15）
技术推动	互联网、大数据、云计算、人工智能等技术深刻改变了微观主体的经济行为，体现出信息对提升经济效率的作用，积极带动了我国经济转型升级，成为重要的经济发展新动能。（L3-9）

一汽红旗品牌是中国汽车工业的一面旗帜。它占据着至高无上的"国车"地位，经过60多年的发展，积累了较为丰厚的物质、技术和人力等条件，但截至2017年一汽集团"四能"改革前，一汽红旗品牌存在一系列问题。表现在经营上最为明显的是自主乏力、销量低以及口碑下降。"振兴红旗"既是进入当今时代一汽集团发展之必需，也是民族汽车工业崛起，屹立世界之巅的必然要求。

在市场需求方面，一汽红旗品牌十分明确当前的市场需求已经从生产中心转向客户中心，个性化、享受成为当代人身上的标签，人民群众对美好生活的向往愈加强烈，对"专属""高端极致"的美妙出行生活提出了更高的要求。之前的汽车产业产品策划是起点，交付给消费者是终点，而在移动互联网和AIoT时代，汽车行业正在由大众化服务转向个性化服务。当前倡导的低碳出行，也对市场需求产生了强烈的影响。人们开始注意汽车的碳排放量，购买意愿逐渐偏向新能源汽车。另外，便捷、万物互联成为生活中的重要因素，而汽车智能化恰好迎合了消费者的购买心理。一汽红旗品牌与以比亚迪为首的相关汽车企业、华为等科技企业共同进入汽车智能化时代。

在政府支持方面，党的十九大报告明确指出，要加快发展先进制造业，大力推进数字技术与实体经济的深度融合，运用大数据、云计算、人工智能等技术，改变企业的经济行为。中央企业应该适应时代变化，主动从自身发展需要出发做出变革，提高效率和效益，提升企业本身的核心竞争力。

吉林省政府、长春市政府、承德市政府等在数字生产、数字运营、数字营销等方面助力一汽红旗品牌转型。吉林省政府在招商引资、项目审批、人才培养与引进等方面提供重点支持，为汽车产业发展营造良好的氛围。正在全力推进汽车产业数字化、智能化转型，支持华为、科大讯飞等企业与汽车产业深度融合，促进传统制造业企业与数字经济的融合发展，力求加深与创业企业之间的机会共享与机会共创程度。并且采取减税降费等一系列措施大幅度降低实体经济发展的成本，其中已经实现了制造业的增值税税率从16%降至13%，给实体制造业带来了实实在在的保障。

在技术推动方面，5G、大数据、人工智能等数字技术的发展势不可当。随着数字化与智能化技术应用在产业发展的方方面面，传统制造业企业必然会采取转型措施。与腾讯、中兴、寒武纪等科技公司在5G、人工智能等方面进行深入合作。当前的技术范式逐渐由人智驱动转向数智驱动，数字技术在数字企业中的成功运用，也为其提供了转型动力。

（二）企业能力积淀

传统制造业企业接收到情景改变的信息时，会采取创业手段对自身进行明确的定位，明晰"我是谁""我认识谁"以及"我知道什么"三个要素之后，对自身的愿景能力、学习能力、变革能力等进行积淀（见表3），从而更好地开展与利益相关者的互动。

一汽集团作为一汽红旗品牌的直接运营主体，指明了其未来的发展方向。一汽集团在技术、政府、市场驱动的转型中，重点总结了当前一汽红旗品牌的现状，从愿景、学习、变革三个方面进行能力积淀，为其实现创业机会共创奠定了基础。

表3 企业能力积淀典型资料例证及编码

企业能力积淀	典型证据援引
愿景能力	"老干部"红旗转型"新高尚"是红旗未来全新的定位和战略目标,"新红旗的品牌理念是'中国式新高尚精致主义',品牌目标是成为'中国第一、世界著名'的'新高尚品牌'"。(L3-3) 一汽红旗品牌立志成为世界著名品牌,擦亮中国汽车品牌的名片。(L3-59)
学习能力	集团公司机关党委开展"红旗营销数字化转型"专题学习(L1-2) 一汽集团发起数字化攻势,500名高管脱产学习(L3-48)
变革能力	一汽集团不断开拓进取,改革调整不断深化,加快推进转型升级,加大自主创新力度。(L3-39) 一汽集团实施"四能"改革,为数字化转型奠定基础。(L4-1)

在愿景能力上,首先明确了一汽红旗品牌的战略愿景,未来十年一汽红旗品牌要建设成为"高端自主第一、销量第一"的品牌。其次明确战略模式,新的管理团队提出"扛红旗、抓自主、挺创新、强合作"的基本思路,随后 s. RFlag "旗尚计划"、i. RFlag "旗偲计划"、d. RFlag "旗驾计划"及 f. RFlag "旗园计划"等诸多前沿性的技术发展规划相继出台,在实现战略愿景的道路上迈出坚实一步。最后明确了战略路径,要坚持用户导向,以用户为中心设计整体框架、搭建组织、优化流程、配置人员。

在学习能力上,一汽红旗品牌首先优化培训制度,打造学习型组织。近三年,一汽集团人均年受训423.6个学时,累计培训112万人次。广大员工紧密依托线上线下载体,学习新知识、新理念、新方法。其次定期邀请清华大学、吉林大学等的院士、知名教授,以一汽大学为平台,开展高端人才讲座等学术活动。借助顶级院士团队资源,通过双聘院士、引进院士产生顶尖人才聚集效应,助力企业战略发展、高端人才引进、关键技术研发和科技成果转化应用。

在变革能力上,2017年8月徐留平正式担任一汽集团董事长,决定将"红旗"的运营归为一汽集团总部直接负责。在一个月的摸底调查后,他发现领导架构基础薄弱、层级冗杂,决定先对一汽红旗品牌的领导架构"开刀",将多位具有丰富管理、销售、营销经验的实干人才调往"红旗"。针对员工普遍诟病的"人浮于事、吃大锅饭、旱涝保收"等现象,提出"机构能增能减、干部能上能下、员工能进能出、薪酬能增能减"的机制改革方向;2018年一汽红旗品牌再次进行机构设置,成立了移动出行事业部、红旗小镇事业管理部、新技术及创新业务部以及安全环境保障部四大新部门，为"红旗人"重新找回了久违的创业激情。

（三）利益相关者互动

一汽红旗品牌与相关的大学、研究机构以及企业等进行交流合作，不断扩大利益相关者范围，抓住研发、生产和销售等方面数字化转型的机遇，进行战略互动，形成战略者联盟，实现数字创业机会共创（见表4）。

表4 利益相关者互动典型资料例证及编码

利益相关者互动	典型证据援引
战略互动	一汽集团与华为、腾讯、百度、阿里云、汽车之家、IBM（中国）有限公司、NTT DATA七家头部数字化解决方案供应商签署战略合作协议，拟就加速构建数字化转型生态开展广泛而深入的合作。(L3-25) 汽车、电子及5G是我国的国家战略性产业，具有广阔前景，一汽集团与中兴集团就充分发挥各自领域的人才、技术及市场等资源优势，进一步深化双方战略合作达成共识，建立全面战略合作伙伴关系。(L4-13) 一汽集团与万达集团要加速合作内容推进落地，集中在研讨创新营销模式、车主体验生态等方面。(L4-6) 清华大学充分发挥其在高层次人才培养方面的优势，根据一汽集团的实际需求，以多种形式开展管理类、工程类、技术类人才培养工作，积极支持一汽集团的人才培养。(L4-16) 承德市人民政府与一汽集团在品牌推广、新业务生态建设、产品服务、移动出行服务、人才培养、政策支持等领域达成共识。(L4-18)

本文将互动的利益相关者分为两类。一是直接参与数字创业活动的，如同行业企业、科技企业、互联网企业、科研机构、政府等，它们为创业企业提供有效的资源，包括技术、方案、人才、政策等。例如，以华为、中兴、阿里云等企业为代表的技术支持，在自主可控的数字化平台建设、基于5G工业互联网的应用等方面提供直接助力，加强数字化领域的经验分享、优势互补。一汽集团集成全球研发技术资源为一汽红旗品牌所用，以长春总部为研发中心，构建全球研发布局，积极利用全球优质资源。以IBM（中国）有限公司、机械工业九院、中国汽车工业协会为代表的方案支持，为一汽集团开展红旗数字化工厂规划、数字化转型咨询等方面提供了战略底气。以清华大学、吉林大学、北京理工大学等为代表的人才支持，为战略的有效实施以及内部学习、运营提

供了新鲜血液。以吉林省政府为代表的政策支持，为一汽红旗品牌的顺利转型提供了保障。

二是间接参与数字创业活动的创业主体，如万达集团。万达集团作为集文化旅游、电子商务以及连锁百货于一体的服务企业，与身为制造业企业的一汽集团的发展方向似乎没有交集，但在2021年，一汽红旗品牌正式宣布与万达集团进行创新式跨界战略合作，助力产业数字化变革。

一汽红旗品牌和与之合作的利益相关者之间形成了较为集中的数字创业网络，不仅有利于实现利益相关者对创业企业的机会创造，还有利于实现复杂关系中的机会共创。

（四）数字创业机会集

创业机会集，是由不同的创业机会构成的集合，创业主体在进行机会识别或者机会开发的过程中进行创新，通过信息交流、资源整合等方式，带动其他利益相关者识别和利用机会，从而形成复杂的创业机会的集合。[28]本文将数字创业机会集划分为业务驱动型和创新驱动型（见表5）。

表5 数字创业机会集典型资料例证及编码

数字创业机会集	典型证据援引
业务驱动型机会集	线上办公平台赋能数字化转型不仅体现在核心工厂建设上，还渗透在日常办公业务中。2020年初突如其来的疫情打乱了经济建设节奏，一汽集团在坚决做好疫情防控的同时，依托在数字化转型上的长久积累，通过上线一汽Easy平台，实现了线上线下复工复产的无感切换，将疫情对生产经营的影响降到最低。（L3-24） 红旗H9新车发布会用一场长达5个小时的直播，阐明了旗舰车型的前世今生，吸引千万粉丝参与观看；在品牌、产品传播方面，一汽红旗品牌下大力气打造了覆盖图文、短视频等多种形式的全媒体矩阵。此次红旗H9上市直播重点发力在一汽红旗官方抖音、快手等短视频平台。（L3-33）
创新驱动型机会集	一汽集团构建"红旗"共创平台。（L4-3） 一汽集团与万达集团将在服务生态、能源生态、会员生态三大维度相互赋能，创新共建"红旗用户体验生态"，共同建设"红旗万达智慧社区"。（L4-21）

业务驱动型机会集，是由业务精进行为产生的创业机会集合，受产品或要素市场不均衡以及外部环境影响，是可以凭借创业者的敏感性和先前经验识

别、评估并利用的。随着数字时代到来,在利益相关者互动的基础上,一汽集团全面开展数字化转型。在业务驱动下,一汽集团借力华为等科技企业,成功建构"中台",上线红旗数字化工厂,开创数字化工厂"3+1"运营模式,以红旗制造运营平台为中心,实现与工艺、计划、质量、物流、设备等系统的集成,将所有程序搬上云端,实现数字化运营。在生产方面,一汽集团着力打造的红旗工厂,与西门子深入开展数字化工厂的规划和建设工作,投产后自动化生产设备随处可见,如臂指使,在后台屏幕上实时展示生产线的运行情况,各程序生产状态一目了然,实现了数字化生产。在研发方面,一汽集团与地平线等企业进行联合开发,共同探索智能化、网联化汽车技术,并将智能网联汽车产品率先应用于红旗轿车,实现数字化研发。在营销方面,与阿里云计算有限公司共建一汽集团公有云平台、深化高效透明的工作机制,联合创新汽车营销新零售模式;红旗品牌子品牌红旗小镇与北京新意互动数字技术有限公司携手合作,实现数字化营销。

创新驱动型机会集,强调机会是可以创造的,创业者可以在自身认知的基础上,发挥想象力,创造出新的机会,并加以概念化、客观化,最终进行拓展。其中,最为典型的是一汽集团与万达集团进行战略合作,在实践中制定合作目标,实现机会共创。

一汽红旗品牌与万达集团,通过会员权益共享,实现相互引流。在万达商场内部还设有红旗展厅,供顾客参观、试驾,形成红旗数字商超店,实现收益后,双方继续深入推进商超店合作,建立红旗-万达联合工作组,建立"数据采集—数据分析—管理改善"闭环机制,同时也将持续更新应用场景、创新数据分析,推进商超店管理改善。针对未来发展,双方将以逐步完善的全新生态为基础,共同建设"红旗万达智慧社区",在合作中找到新的资源利用点,不断发现和创造更多的创业机会,形成创新驱动型机会集。这也正符合从效果逻辑理论出发的创业企业在实现创新驱动型数字创业机会共创时,并不会制定详细的合作目标与规划,而是根据自身情况,先合作后发展,创新性地寻找数字创业机会。

四 数字创业机会共创机理分析

（一）数字创业机会共创的实现路径

经案例分析，本文总结出两条传统制造业企业实现数字创业机会共创的路径：（1）业务驱动型数字创业机会共创；（2）创新驱动型数字创业机会共创。创新驱动型数字创业机会共创更能体现传统制造业企业处理意外事件的能力，在数字创业初期表现为以业务驱动型数字创业机会共创路径为主，以创新驱动型数字创业机会共创路径为辅。

1. 业务驱动型数字创业机会共创路径

业务驱动型数字创业机会集开发是围绕核心业务的数字化进行的，大多源自或受益于企业业务流程的数字化转型，数字创业机会共创过程为"机会识别—机会评估—机会利用"（如图3所示），机会识别和机会评估依赖于企业自身的业务知识经验和对机会的警觉性，机会利用的结果表现为企业与利益相关者资源互补，全力推动数字化转型，实现核心业务的数字化、价值化、创新化，支持企业研发、生产、销售等核心业务的"实时在线、及时分析、智能管理"。

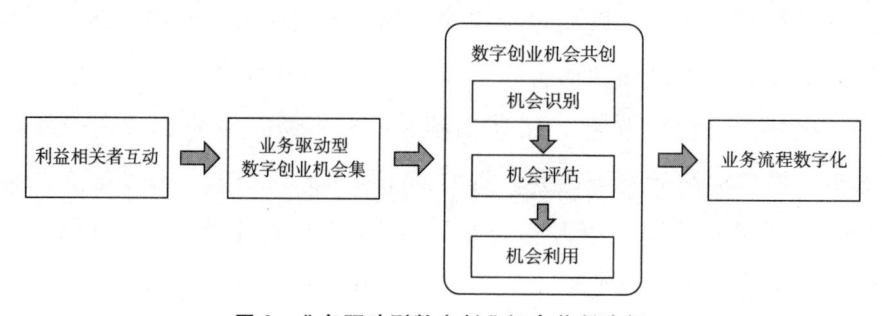

图3 业务驱动型数字创业机会共创路径

利益相关者总体研发实力较强、数量较多且彼此熟悉，通过分工合作、资源共享开发业务驱动型数字创业机会集，在机会共创中产生新价值并由数字创业企业进行吸收，从而实现业务流程数字化。作为一汽红旗品牌数字化转型成功的重要的利益相关者，华为凭借自身在全球云服务、车联网、高性能终端、数据中心等方面中台搭建的成功经验，为一汽集团量身制定了一套业务中台设计方案，借助该平台一汽红旗品牌显著提升了运营效率和增强了业务敏捷性。

在数字化生产上，一汽红旗品牌与北京新意互动数字技术有限公司、阿里云计算有限公司等合作伙伴在国内外同时构建研究所，结合工业智能制造和产线升级管理需求，全面推动"5G+智慧工厂"的联合技术开发与应用实践。利用 5G 网络低延时、易部署、抗干扰性强等特点实现厂区内设备的健康状态、运行状况、生产时间、待机时间、故障时间等基础数据的收集。通过 5G 大带宽、低时延特点，支持 5G AGV 自动接受生产指令并执行，将生产辅料自动搬运至指定地点，实现统一调配且自动化完成批次配送和实时配送物料资源。同时建设物联网专网，实现车间人、机、料、法、环的泛在连接和统一管理，提供工业物联网平台，使设备管理、数据管理、应用管理和运营维护能力汇聚，实现车间系统联动、数据贯通。

在数字化营销上，借助腾讯在云计算、人工智能、用户服务领域的优势，尝试共建行业数字化营销平台，包括企业微信 C2B 全域营销、营销自动化场景融合、小程序营销矩阵闭环融合等功能。在媒体合作方面，一汽红旗品牌推进与阿里巴巴媒体矩阵的合作，媒体平台包括但不限于淘宝、高德、OTT、支付宝、大麦等。阿里巴巴为一汽红旗品牌提供数据营销服务，建立品牌与车型的数据营销模型，为一汽红旗品牌提供从营销洞察、媒体投放、数据分析到优化复盘的全链路数据营销解决方案。在 2020 年 8 月 23 日红旗 H9 上市时，采用全媒体矩阵直播的形式，除充分利用自己的官方媒体矩阵外，还借助央视新闻 App 在内的 172 个央视新媒体矩阵、新华社 App 在内的 17 个新华社新媒体矩阵进行了同步直播。

一汽红旗品牌与利益相关者之间形成复杂且良性的互动循环系统，围绕核心业务的数字化开发数字创业机会集，通过"机会识别—机会评估—机会利用"的数字创业机会共创过程实现业务流程数字化。

2. 创新驱动型数字创业机会共创路径

创新驱动型数字创业机会集开发是围绕智慧生态进行的，利益相关者表现为跨界、多元性，在利益相关者互动时并没有明确的数字创业目标。数字创业机会共创过程为"机会客观化—机会实施—机会拓展"（如图4所示），机会客观化与机会实施依赖于利益相关者的主动追求和创新，机会拓展的能力相对较强。数字创业机会共创的结果往往会导致产业数字化变革。

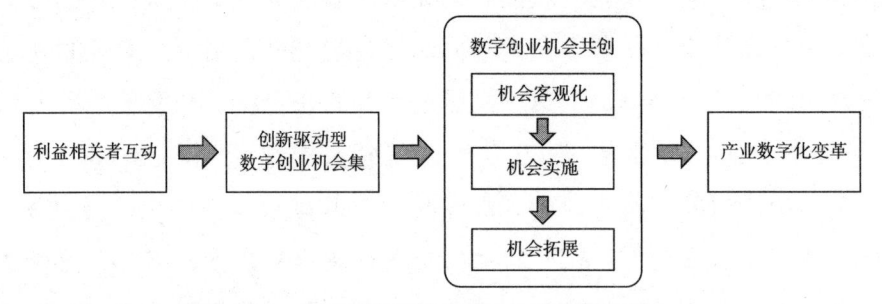

图4　创新驱动型数字创业机会共创路径

利益相关者之间通过跨界合作共同开发数字创业机会集，以实现行业领先为目标，在机会共创中积极构建产业数字生态，利益相关者通过数字生态实现价值对称、互惠共生，数字创业机会集开发的创新特征凸显。一汽集团与万达集团双方签订的战略合作协议中并没有给出最终实现目标，而是在它们各自可承受损失与风险的前提下，整合资源、利用资源并决定后续发展方向，创新性地提出会员生态、权益生态、服务生态、智慧社区等新的创业机会，尽可能地实现收益增长。自万达权益生态红旗智联 App 上线以来，红旗车主累计使用权益超 1.7 万次，红旗车主享有体验生态服务，在万达商场两年免费停车、免费看电影以及宝贝王儿童乐园游玩等待遇，增强了顾客黏性。一汽红旗品牌与万达集团从会员权益生态和服务生态等维度相互赋能，创新共建"红旗用户体验生态"。在此基础上，在未来双方将逐步完善全新生态，共同建设"红旗万达智慧社区"，一汽红旗品牌与服务业企业万达集团的跨界合作，加速了汽车产业数字化变革的进程。

由此可见，传统制造业企业以提升业务流程为主线，依赖利益相关者已有的先进技术，对创业机会进行识别、评估和利用，最终实现业务流程的数字化。同时，也注重通过创新驱动数字创业，尝试与跨界的利益相关者进行合作，共同发现和创造基于智慧生态的系列创业机会集，并对其进行客观化、加以实施与拓展，实现产业数字化变革。

（二）数字创业机会共创机理模型

经过文献梳理、数据编码分析，明晰各参与要素之间的作用路径，本文研究以一汽红旗品牌为典型案例，基于数字创业机会集的形成和数字创业机会共创路径分析，提出传统制造业企业数字创业机会共创机理模型（如图5所示）。

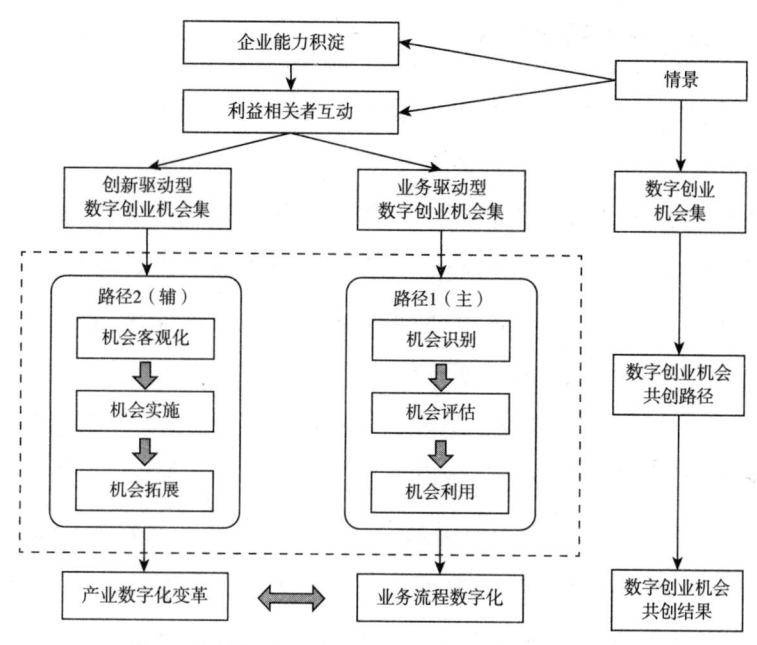

图5 传统制造业企业数字创业机会共创机理模型

五 结语

（一）研究结论

本文通过对一汽红旗品牌数字创业活动的纵向案例研究，梳理了其数字创业机会共创的过程。综上分析，本文得出如下研究结论。（1）传统制造业企业数字创业机会共创存在"业务驱动型"及"创新驱动型"两条路径。目前阶段体现为以业务驱动型数字创业机会共创为主，以创新驱动型数字创业机会共创为辅。（2）传统制造业企业进行数字创业机会共创遵循"情景—数字创业机会集—数字创业机会共创过程—数字创业机会共创结果"的机理模型。传统制造业企业在感知到市场需求、政府支持以及技术推动等情景发生改变时，会根据自身情况积淀愿景能力、学习能力、变革能力，与利益相关者在技术、平台、人才以及智慧生态建设等方面进行合作互动，建立数字创业机会集，实现业务流程数字化与产业数字化变革，取得数字创业机会共创结果。

（二）理论价值与实践意义

本文的理论价值包括如下几点。首先，针对现有文献存在数字创业机会共创概念和路径模糊的问题，从传统制造业企业与利益相关者开发数字创业机会集入手，找到业务驱动型和创新驱动型两条数字创业机会共创路径，打开了传统制造业数字创业机会共创的黑箱。其次，现有文献缺乏传统制造业企业数字创业方面的研究，大多以数字原生企业为研究对象，本文围绕传统制造业企业数字创业机会共创这一问题展开研究，丰富了数字创业机会方面的文献。

实践意义在于，对其他传统制造业企业的数字创业机会共创具有很好的借鉴意义。一汽红旗品牌自进行数字化转型以来，取得了极大的进步，由产品进阶到品牌重塑，已经开辟出一条属于自己的振兴之路。2021年，一汽红旗的品牌价值高达925亿元，位于中国乘用车品牌行业第一名，在新一轮科技和产业革命的浪潮中，已经从传统的汽车制造企业蜕变为"整车制造"与"数字创新"并重的高科技企业，奏响了传统民族汽车品牌的最强音。鉴于一汽红旗品牌取得了如此骄人的成绩，它进行数字创业机会共创的内在逻辑值得其他传统制造业企业着重参考。从一汽红旗品牌的发展来看，还应加强政府的引导，出台引导、鼓励和保障制造业企业数字创业机会共创的政策，给予传统制造业企业更多尝试数字创业的机会。

（三）局限与展望

首先，单案例的纵向探索性研究虽然能够深入跟踪数字创业机会共创过程，但具有较大的个性特征，缺少对照、比较等共性的特征，使得本文结论的普适性成为不可忽视的局限之一。其次，本文所展示的传统汽车制造业企业数字创业机会共创路径具有多元性，未来可以利用多案例研究、动态仿真等方法继续对研究结论的有效性和适应性进行检验。

参考文献

［1］ Gaglio C M, Katz J A. The psychological basis of opportunity identification: Entrepreneurial alertness ［J］. *Small Business Economics*, 2001, 16（2）: 95-111.

［2］ Alvarez S A, Barney J B. Discovery and creation: Alternative theories of entrepreneurial action ［J］. *Strategic Entrepreneurship Journal*, 2007, 1（1/2）: 11-26.

［3］ 彭秀青, 蔡莉, 陈娟艺, 等. 从机会发现到机会创造: 创业企业的战略选择 ［J］. 管理学报, 2016, 13（8）: 1312-1320.

［4］ Zahra S A. The virtuous cycle of discovery and creation of entrepreneurial opportunities ［J］. *Strategic Entrepreneurship Journal*, 2008, 2（3）: 243-257.

［5］ 张斌, 陈详详, 陶向明, 等. 创业机会共创研究探析 ［J］. 外国经济与管理, 2018, 40（2）: 18-34.

［6］ Overholm H. Collectively created opportunities in emerging ecosystems: The case of solar service ventures ［J］. *Technovation*, 2015（39）: 14-25.

［7］ Mckelvey M, Zaring O, Ljungberrg D. Creating innovative opportunities through research collaboration: An evolutionary framework and empirical illustration in engineering ［J］. *Technovation*, 2015, 39（40）: 26-36.

［8］ von Briel F V, Davidsson P, Recker J. Digital technologies as external enablers of new venture creation in the IT hardware sector ［J］. *Entrepreneurship Theory and Practice*, 2018, 42（1）: 47-69.

［9］ Rippa P, Secundo G. Digital academic entrepreneurship: The potential of digital technologies on academic entrepreneurship ［J］. *Technological Forecasting and Social Change*, 2019, 146（9）: 900-911.

［10］ Nambisan S. Digital entrepreneurship: Toward a digital technology perspective of entrepreneurship ［J］. *Entrepreneurship Theory and Practice*, 2017, 41（6）: 1029-1055.

［11］ Giones F, Brem A. Digital technology entrepreneurship: A definition and research agenda [J]. *Technology Innovation Management Review*, 2017, 7 (5): 44−51.

[12] Sussan F, Acs Z J. The digital entrepreneurial ecosystem [J]. *Small Business Economics*, 2017, 49 (1): 1−19.

[13] 朱秀梅, 刘月, 陈海涛. 数字创业: 要素及内核生成机制研究 [J]. 外国经济与管理, 2020, 42 (4): 19−35.

[14] 秦剑. 基于效果推理理论视角的创业机会创造研究 [J]. 管理学报, 2011, 8 (7): 1036−1044.

[15] 秦远建, 汪文祥. 不确定性容忍度、决策逻辑与突破式创新关系研究 [J]. 科技进步与对策, 2020, 37 (2): 1−9.

[16] 陆彦桦. 创业者决策逻辑影响因素实证分析 [D]. 中国科学技术大学硕士学位论文, 2015.

[17] Chandler G N, Detienne D R, Mckelvie A. Causation and effectuation processes: A validation study [J]. *Journal of Business Venturing*, 2011, 26 (3): 370−390.

[18] Werhahn D, Mauer R, Flatten T C, et al. Validating effectual orientation as strategic direction in the corporate context [J]. *European Management Journal*, 2015, 33 (5): 305−313.

[19] 林静. 创业决策逻辑对新企业绩效的影响研究 [D]. 合肥工业大学硕士学位论文, 2020.

[20] 张敬伟, 杜鑫, 田志凯, 李志刚. 效果逻辑和因果逻辑在商业模式构建过程中如何发挥作用——基于互联网创业企业的多案例研究 [J]. 南开管理评论, 2021, 24 (4): 27−40.

[21] Sarasvathy S, Kumar K, York J G, et al. An effectual approach to international entrepreneurship: Overlaps, challenges, and provocative possibilities [J]. *Entrepreneurship Theory & Practice*, 2014, 38 (1): 71−93.

[22] Sun S L, Im J Y. Cutting microfinance interest rates: An opportunity co-creation perspective [J]. *Entrepreneurship Theory and Practice*, 2015, 39 (1): 101−128.

[23] 刘小元, 蓝子淇, 葛建新. 机会共创行为对社会企业成长的影响研究——企业资源的调节作用 [J]. 研究与发展管理, 2019, 31 (1): 21−32.

[24] Zahra S A, Nambisan S. Entrepreneurship in global innovation ecosystems [J]. *Academy of Marketing Science Review*, 2011, 1 (1): 4−17.

[25] 苏郁锋, 周翔. "直播电商"情境下数字机会共创机制研究: 基于数字可

供性视角的质性研究 [J]. 南开管理评论, 2023, 26 (1): 106-119.
[26] 欧阳桃花. 试论工商管理学科的案例研究方法 [J]. 南开管理评论, 2004, 7 (2): 100-105.
[27] 李亮, 刘洋, 冯永春. 管理案例研究: 方法与应用 [M]. 北京: 北京大学出版社, 2021.
[28] 朱秀梅, 林晓玥, 王天东. 数字创业生态系统动态演进机理——基于杭州云栖小镇的案例研究 [J]. 2020, 17 (4): 487-497.

Research on Co-creation Mechanism of Digital Entrepreneurship Opportunities of Traditional Manufacturing Enterprises
—Take FAW Hongqi Brand as an Example

Zhang Min, Zhang Xin

Abstract: Using the longitudinal single-case study method, the co-creation mechanism of digital entrepreneurship opportunities of traditional manufacturing enterprises is studied based on the FAW Hongqi brand. The research shows that the co-creation process of digital entrepreneurship opportunities in traditional manufacturing enterprises conforms to the logic of effectuation, forming two paths: "business-driven digital entrepreneurship opportunity co-creation" and "innovation-driven digital entrepreneurship opportunity co-creation". Finally, the mechanism model of "scenario-digital entrepreneurship opportunity set-digital entrepreneurship opportunity co-creation path-digital entrepreneurship opportunity co-creation result" of traditional manufacturing enterprises is constructed.

Keywords: Digital Entrepreneurship; Opportunity Co-creation; Traditional Manufacturing Enterprises; FAW Hongqi

政府创新创业营商环境服务水平的评价研究

徐 明　白春景　卞志刚

【摘　要】 创新创业是驱动区域经济高质量发展的重要力量,政府营商环境的优化则是优化创新创业环境、提高创新创业效率的重要着力点。鉴于新兴经济体的发展壮大、全球国际化的持续深入以及我国经济发展阶段转型的大背景,本文基于市场主体感知与评价的视角,从服务供给、政策供给及资源投入三个方面构建政府创新创业营商环境服务水平评价指标体系,能够促进政府明晰创新创业市场主体服务方向,与创新创业市场主体之间建立紧密的互动关系;有助于政府对其创新创业服务水平进行动态监测与调整,加快建立健全创新创业营商环境评价机制,从而促进区域创新创业的持续健康发展。

【关 键 词】 营商环境　创新创业　政府服务水平　评价指标体系

引　言

改革开放以来,我国采取的"高投入高产出"发展模式使经济飞速增长并取得了举世瞩目的成就。党的十九大明确指出,我国的经济已由高速增长阶段转向高质量发展阶段,其中创新能力是推进经济高质量发展的重要动力。在国家宏观政策的指引下,我国各行业创新创业的热情高涨,创新要素的投入呈

【基金项目】国家社科基金一般项目"东北振兴中企业家精神缺失程度评价与激发路径研究"(编号:20BJY107)。

【作者简介】徐明,吉林财经大学亚泰工商管理学院副教授,研究方向为创新创业营商环境、创新创业金课构建等。白春景,吉林财经大学亚泰工商管理学院硕士研究生,研究方向为创新创业营商环境。卞志刚,吉林财经大学创新创业教育学院副教授,研究方向为创新创业营商环境、创新创业教育等。

现爆发式的增长，但由于整体创新创业环境不佳、创新要素配置扭曲，我国创新的要素投入不能有效转化为创新产出[1]。基于此，党的二十大报告提出，深化简政放权、放管结合、优化服务改革；营造市场化、法治化、国际化的一流营商环境。营商环境是企业生存发展的"土壤"，是区域竞争的重要"软实力"，也是推动经济社会高质量发展的"硬支撑"[2]。研究表明，营商环境影响区域内各种市场主体的行为且贯穿于企业全生命周期[3]，高效且完备的营商环境能够提升企业在不确定性经营环境下抵御风险的能力，保障企业有更多的资源和精力配置到生产性活动之中[4]。同时，营商环境是政府治理能力的微观表现形式[5]，营商环境的改善意味着政府治理能力的提升。根据创业认知理论，高的政府效率，有助于降低创业活动成本与提升企业经营效率，从而增强创业可行性感知，促进创业活动[6]。

营商环境是典型的政府与市场主体互动演化形成的制度体系[7]，政府对营商环境的优化有助于降低企业制度性交易成本、提高地区经济竞争力以及增强区域综合实力。政务营商环境是营商环境中的重要因素[8]，优化政务营商环境可通过提升政务能力、降低行政壁垒，提高创新收益，吸引创新要素流入，提升区域创新效率。而政府服务同时也是世界银行《营商环境报告》中"环境便利度"指标考察的重要内容[9]。因此，评价政府创新创业营商环境服务水平对于明晰创新创业市场主体服务方向、促进创新创业营商环境评价机制建立以及评定政府机构职能改革优化效能，从而提升区域创新创业效率具有重大的理论与实践意义。

一 研究进展

（一）创新创业与营商环境之间的关系

在促进高质量发展的要求下，全国争相进行营商环境的优化，努力探寻提高区域创新创业效率的着力点。在此背景下，学者对营商环境与创新创业之间关系的研究逐渐增多。早期相关层面的文献主要是考察营商环境单一层面要素，比如市场环境、法制环境、政务环境等对企业创新的影响，但随着研究的深入，学者聚焦城市层面的宏观营商环境，探究营商环境与创新创业之间的作用机制。比如，王欣亮等通过考察营商环境对创新要素配置的影响，探明政府制度优化对区域创新系统的作用机理，并认为营商环境是提高创新效率的重要着力点。[10]鉴于中国当前转型期市场和政府等多元制度逻辑共栖共生或主导产生了复杂的营商环境，杜运周等从组态视角分析了我国城市营商环境生态与创业活跃度的关系，发现多种营销环境生态可以产生高创业活跃度。[11]霍春晖和张银丹基于创新产出效果视角探究营商环境与企业创新质量的内在联系和影响路径，发现营商环境能够显著提升企业创新质量，不同的情景下营商环境作用于企业创新质量的效果存在显著差异。[12]另外，一些学者的研究证实了营商环境还会直接影响区域内的创新创业行为意愿。由于创新创业企业通常会面临资源约束，这种资源约束会限制企业充分地施展创业导向，所以在当前市场竞争激烈的大环境下，创新创业企业需要长期丰富的资源支持去探索新的机会。[11]Lim等认为营商环境的差异会影响创业者对资源、能力和机会可行性的感知，进而影响启动创业的行为意愿。[13]因此，通过对营商环境和创新创业关系的相关文献的梳理发现，营商环境的优化是优化创新创业环境、提高创新创业效率的重要着力点。

（二）政府与创新创业营商环境之间的关系

持续推动国家经济高质量发展，就必然要求政府提供良好的政务服务和优质的营商环境。[14]近年来，我国政府大力推进的"放管服"改革和营商环境建设，重点就在于处理好政府和市场的关系[15]，同时各级政府放宽市场准入、持续降低要素成本，推动市场主体和就业岗位大幅增加、大众创业万众创新迅猛发展，促使新业态新模式快速增长[16]。因此，学者对政府行为和创新创业营商环境之间关系的研究不断深入。谢来位对优化营商环境畅通双循环的地方政府作为进行了探究，指出企业是投资创业以及科技创新的主体，政府的主要作用是创造优质的创新创业营商环境，应充分发挥市场主体创新创业、生产经营的自主性。[17]廖福崇基于对中国私营企业的调查，探究政府政务能力如何提升营商环境质量，发现在"放管服"改革背景下，政府政务能力能够有效提升企业的营商环境评价。[16]同时，近年来不断推进的"互联网+政务服务"和数字政府建设，有效提升了服务型政府的建设水平，对于提升营商环境质量发挥了积极作用。杨东涛等对创业企业创新成长的政商环境影响机理进行了深入的剖析，发现对于创业企业而言，政府的政策支持可以促进企业研发创新，维护企业利益，减弱外部环境的复杂性，抑制发展的不稳定性。[18]因此，政府作为优化营商环境的主要责任主体，既是监管者又是重要的改革对象[9]，不断提高营商环境的平等性、自主性、法治化、市场化、国际化水平理应成为政府作为的价值取向[17]，以此激发各类市场主体创新创业的活力。

（三）营商环境评价

国际上基于政府质量视角对国家营商环境进行评价的研究机构主要有世界银行、经济学人智库、世界经济论坛、哥德堡大学以及瑞士洛桑国际管理学院等，它们推出的指标体系简称为 WGI、GIM、GCI、QoG、WCR。其中，世界银行发布的《营商环境报告》以企业生命周期为基础开发评价指标体系，在全球范围内筛选大量样本展开评价，得到了最为广泛的认可。在其指标体系中，政府服务水平被视为重要指标之一，因此一部分学者聚焦世界银行提出的评价指标体系展开对政府营商环境服务水平的评价研究。如王润良和陈洁以世界银行的"环境便利度"指标为基础，构建了营商环境政府服务满意度测评的指标体系，并为每个一级指标分配了相应的权重，分别为责任落实（15%）、依法依规（20%）、服务质量（20%）、办事效率（20%）、勤政廉政（15%）和总体评价（10%），通过面向企业工作人员发放问卷的形式测量出江门市营商环境政府服务满意度的评价结果。[19]国内外学者对营商环境评价研究及政府营商环境服务水平评价实践已投入充分关注与重视，但以世界银行指标体系为基础的评价指标体系构建仍旧存在诸多不足，主要表现为评价指标普适性较差、存在可比性障碍以及忽略不同经济体的实际差异等。

营商环境内涵丰富、外延广泛[8]，较难进行全面的评估和测量，国内一些学者正在尝试逐步建立我国的营商环境评价指标体系。后向东将营商环境一分为二，分别是政务环境和外部环境，其中政务环境主要是指政府所能决定的商业环境，包括政府的监管政策、监管实施和政务服务。政府服务意识和效率一直是我国营商环境的短板，也是企业和民众抱怨较多的方面。[20]因此，部分学者从政府能够影响和决定的商业环境角度探索建立政府营商环境服务水平的评价指标体系，经过梳理，具体的观点如表1所示。

表1　关于政府营商环境服务水平评价指标体系的观点归纳

序号	作者	主要贡献	评价指标体系的指标维度
1	孙萍和陈诗怡[21]	构建营商政务环境评价指标体系，运用主成分分析法对辽宁省14市进行了调查分析	公共政策供给、制度性交易成本、市场监管行为和基础设施服务
2	彭向刚和马冉[8]	构建了政务营商环境评价指标体系	需求识别、服务职能、服务能力、服务供给
3	娄成武和张国勇[22]	构建了基于市场主体主观感知的营商环境评估框架	政府效能、行政审批、市场监管
4	魏淑艳和孙峰[23]	构建了东北地区投资营商环境评估指标体系	政府行政、政策环境和法律环境
5	田时中等[6]	运用熵值法进行动态综合评价，构建地方政府公共服务水平评价指标体系	科学技术与教育、公共卫生与文化、社会保障与就业、公共交通与安全、公共环境
6	杨雪[24]	基于公共服务水平提升视角构建了政府公共服务顾客满意度质量因子	政府管理社会的效果、公务员的素质、政府行政服务的效率、政府服务效能、经济服务指标、政府行为合理化水平
7	何亮和李军[25]	通过实例验证了政府行政服务满意度指标	政务公开、依法行政、工作效率、服务意识、行政投诉
8	杨连生和尹爽[26]	通过建立多层次模糊评价模型，构建了政府服务满意度指标体系	服务态度、服务效率、服务管理、服务环境

以上研究成果主要可以归纳为三类研究视角：第一类是从公共服务视角构建对政府服务水平的评价指标体系，并结合某个地区政府的实际数据进行了测算；第二类是从顾客满意度视角构建政府服务满意度指标，这类研究引入顾客满意度的模型，将市场主体视为顾客，政府是提供服务的部门；第三类是采用计量经济学的相关方法，结合统计年鉴等官方公布的数据，以世界银行的评价指标体系为基础进行测算。近期也有一些融合性研究，值得重点强调的是，彭向刚和马冉从需求识别、服务职能、服务能力、服务供给四个

维度构建了一个包含 14 个二级指标、49 个三级指标的递阶层次的政务营商环境评价指标体系[8]，有效推进了该领域的研究。其指标的设置遵循了指标易操作化和数据易取得的原则，可在相关报告和统计年鉴上获取数据，未采集市场主体感知方面的数据。而市场主体是营商环境的最佳评价者[22]，因此该指标体系暂不能有效反映市场主体企业对政府营商环境服务水平的感知与评价。

综上所述，营商环境在很大程度上影响区域创新创业效率，而作为建设营造优质创新创业营商环境主体的政府，优化创新创业营商环境能够有效激发企业创新发展的活力和经济增长的巨大潜力，从而有利于实现经济高质量和可持续发展的目标。尽管当前研究者基于不同视角、采用不同方法选取指标，构建了不同维度的政府营商环境服务水平评估指标体系，但主要侧重于评估框架构建思路研究，计量分析较少。一些研究结合具体地区的数据对营商环境进行了测度，但跨地区的分析与比较较少。虽有基于市场主体角度、顾客满意度角度的研究，但是其指标体系与问卷设计未侧重于市场主体对政府创新创业营商环境服务的感知与评价。政府创新创业营商环境服务水平的评价，应是市场主体对政府所能影响的创新创业营商环境各要素管理与配置能力的主观感知与评价，这种感知与评价既是主观的，又是动态的。因此，需基于市场主体对政府创新创业营商环境服务主观感知视角，开发一套能够真实评价政府创新创业营商环境服务水平的指标体系，与计量方法指标体系相互补充并印证，以明晰政府对市场主体的服务方向，并进一步完善营商环境评价机制。

二　指标体系构建

（一）概念界定

营商环境是指一个地区的市场主体所面临的包括政务环境、市场环境、法治环境、基础设施环境、要素环境等在内的发展环境，是政府所提供的各种正式制度以及已存在的各种非正式制度的外在表现，对经济社会发展具有重要的影响[22]，其中政务营商环境指的是制约企业达到其最高生产率的政府服务能力及水平的总和[8]。本文所研究的政府创新创业营商环境服务水平指的是为了使市场主体达到其最高生产率，提升区域创新创业效率，市场主体对政府所能影响的创新创业营商环境各要素管理与配置能力的主观感知与评价，主要包括市场主体对政府在服务供给、政策供给以及资源投入等方面的感知与评价。

（二）深度访谈

由于本文所构建的指标体系属于探索性研究结果，因此选取深度访谈的调研方法，有利于获取一手资料，能够挖掘市场主体真实的感知与评价，有效克服文献研究的局限性。本文将评价营商环境的指标体系进行了综合梳理，分别选取对塑造良好的营商环境起重要作用的相关政府部门以及部分企业进行访谈。选取的政府部门主要有市场监管部门、税务部门、金融办、国土（房地）部门、商务部门、科技部门、司法部门、建设局、电力公司、海关部门等。选取的企业以长吉图重要节点城市近三年招商引入的企业为主。访谈目的主要是一方面了解政府为提升政府创新创业营商环境服务水平，在服务供给、政策供给、资源投入等方面的现状与收效；挖掘政府关于进一步提升服务水平的思考。另一方面了解市场主体对政府各方面投入的感知与评价，对政府未来的需求与期望等。

（三）访谈提纲

本文研究在访谈实施之前，基于文献研究和专家讨论结果，围绕可以影响创新创业营商环境的政府各部门以及市场行为主体企业，分别设计了符合研究目的的访谈提纲。针对政府各相关部门的访谈提纲主要面向处级以上领导干部进行，包括服务供给、政策供给、资源投入及业务问题四个部分。表2体现了前三个部分的访谈提纲，属于共性问题；表3体现了第四部分，针对不同部门的具体业务问题设置了具有针对性的提纲。针对市场主体企业的访谈主要面向企业经常与政府部门沟通的部门负责人进行，包括总体评价、服务供给、政策供给、资源投入四个部分（见表4）。

表2 政府创新创业营商环境服务水平访谈提纲（面向政府部门的共性问题）

A. 服务供给部分

Q1. 您认为给企业提供服务的过程中，服务流程的科学性、规范性、明晰性如何？

Q2. 您认为给企业提供服务的过程中，服务的便利性、主动性、公平性如何？

Q3. 您认为给企业提供服务的过程中，公务人员服务态度的亲和力、服务沟通的平等性、服务应答的明确性如何？

Q4. 您认为所在区域内的企业获取政府信息的时效性如何？

Q5. 当企业权益受到侵害时，企业向政府反映问题渠道的畅通性如何？政府应对解决投诉的积极性如何？

B. 政策供给部分

Q6. 您认为所在区域内的政府在制定政策前调研是否充分？制定出台政策是否及时？制定政策是否透明？

Q7. 您所在部门对政策执行的落实度、政策承诺的稳定性、政策兑现的时效性如何？

Q8. 您所在部门在企业减负、研发补贴、产权保护、税费减免及贷款优惠等方面出台过哪些政策？这些政策制定的合理性、突破性、有效性如何？

C. 资源投入部分

Q9. 为改善提升创新创业营商环境，您所在部门在人力资源方面有过哪些投入？请举例说明，如政府公务人员队伍素质的培养方面、企业人才引进方面的政策扶持、行业协会相关部门人才的扶持等。

Q10. 为改善提升创新创业营商环境，您所在部门在财政资源方面有过哪些投入？请举例说明，如一般公共服务投入、研发补贴专项支出、改善创新创业营商环境专项支出等。

Q11. 为改善提升创新创业营商环境，您所在部门在资产资源方面有过哪些投入？请举例说明，如政务服务大厅投入情况、电子政务平台投入情况等。

表3 政府相关部门的具体业务问题访谈提纲

政府部门	访谈提纲
市场监管	1. 关于开办企业，制定了哪些政策？存在什么问题？还有什么提升空间？ 2. 关于破产办理，制定了哪些政策？存在什么问题？还有什么提升空间？
税务	1. 在营改增之后，您所在区域内企业的税费负担增加还是减少？ 2. 关于减轻企业税负，制定了哪些政策？存在什么问题？还有什么提升空间？
金融	1. 您所在区域内企业主要的融资渠道有哪些？您认为企业融资困难的主要原因？ 2. 在改善区域内企业金融环境方面，做了哪些努力？存在什么问题？还有什么提升空间？
国土、房地	1. 域内企业产权转移登记所需程序、产权转移登记所需时间、产权转移登记所需费用（占人均收入的比例%）如何？ 2. 当地用地管控系统质量如何？ 3. 在改善区域内企业产权办理方面，做了哪些努力？存在什么问题？还有什么提升空间？
商务	1. 是否存在开门招商、关门打狗的现象？ 2. 招商过程中，存在的主要问题是什么？急需解决的问题是什么？ 3. 与其他部门对接的通畅性如何？效果如何？ 4. 域外企业对域内创新创业营商环境的总体评价如何？

续表

政府部门	访谈提纲
科技	1. 域内企业感知到的科技项目、技改扶持、产业发展资助、创新创业扶持、信贷风险补偿、科技成果转化与产业化扶持等一系列政策效果如何？ 2. 您认为当地在保护知识产权方面应该如何做？
司法	1. 您认为我们社会距离"办事不求人"的法治环境还有多远？ 2. 您认为社会信用体系建设应如何加强？ 3. 当地公务员法规普及程度、法规和政策透明度、当地司法部门执法、当地司法部门效率、法规环境的适应度、知识产权保护状况如何？ 4. 域内企业解决商业纠纷的时间和成本情况如何？ 5. 在改善区域内法制环境方面，做了哪些努力？存在什么问题？还有什么提升空间？
建设	1. 域内企业房屋建筑开工前所有手续办理程序、房屋建筑开工前所有手续办理时间、房屋建筑开工前所有手续办理费用（占人均收入的比例%）如何？ 2. 当地建筑质量控制情况如何？ 3. 在改善办理施工许可方面，做了哪些努力？存在什么问题？还有什么提升空间？
电力	1. 域内企业办理接入电网手续所需程序如何？办理接入电网手续所需时间如何？办理接入电网手续所需费用（占人均收入的比例%）如何？ 2. 域内对企业的供电稳定性和收费透明度如何？ 3. 在改善域内企业获得电力方面，做了哪些努力？存在什么问题？还有什么提升空间？
海关	1. 当地出口报关单审查时间、出口通关时间、出口报关单审查费用、出口通关费用、进口报关单审查时间、进口通关时间、进口报关单审查费用、进口通关费用情况如何？ 2. 在改善域内企业跨境贸易方面，做了哪些努力？存在什么问题？还有什么提升空间？

表4　政府创新创业营商环境服务水平访谈提纲（面向企业）

A. 总体评价部分

Q1. 您认为当地创新创业营商环境如何？

Q2. 您认为当地创新创业营商环境中存在哪些问题？

Q3. 您认为优化创新创业营商环境，政府还可以做哪些尝试？急需改进的是哪方面？

Q4. 您的企业在投资经营过程中最期待解决的具体问题是什么？为什么？

B. 服务供给部分

Q5. 您认为当地政府为企业提供服务的过程中，服务流程的科学性、规范性、明晰性如何？

Q6. 您认为当地政府为企业提供服务的过程中，服务的便利性、主动性、公平性如何？

Q7. 您认为当地政府为企业提供服务的过程中，公务人员服务态度的亲和力、服务沟通的平等性、服务应答的明确性如何？

Q8. 您认为所在区域内的企业获取政府信息的时效性如何？

Q9. 当企业权益受到侵害时，企业向政府反映问题渠道的畅通性如何？政府应对解决投诉的积极性如何？

C. 政策供给部分

Q10. 您认为所在区域内的政府在制定政策前调研是否充分？制定出台政策是否及时？制定政策是否透明？

Q11. 您认为当地政府对政策执行的落实度、政策承诺的稳定性、政策兑现的时效性如何？

续表

Q12. 当地政府就企业减负、研发补贴、产权保护、税费减免及贷款优惠出台过哪些政策？您认为这些政策制定的合理性、突破性、有效性如何？

D. 资源投入部分

Q13. 为改善提升创新创业营商环境，当地政府在人力资源方面有过哪些投入？请举例说明，如政府公务人员队伍素质的培养方面、企业人才引进方面的政策扶持、行业协会相关部门人才的扶持等。

Q14. 为改善提升创新创业营商环境，当地政府在财政资源方面有过哪些投入？请举例说明，如一般公共服务投入、提升企业感知专项支出、改善创新创业营商环境专项支出等。

Q15. 为改善提升创新创业营商环境，当地政府在资产资源方面有过哪些投入？请举例说明，如政务服务大厅投入情况、电子政务平台投入情况等。

（四）指标体系的确定

参照量表开发程序，本文通过深度访谈获取了丰富的第一手资料，访谈结果基本验证了经过文献研究与专家讨论后确定的政府创新创业营商环境服务水平评价的各级维度，并将访谈资料中获取的部分题项纳入指标体系，以弥补文献研究的不足。随后邀请5位营商环境、公共服务及顾客满意等领域的学者和专家，共同组成专家组对初始的指标进行净化，对关系较弱的指标进行剔除。通过发放专家评审表，删除代表性较弱、反映性较差的指标。

在与专家、学者以及企业人员的反复讨论中，结合前期理论研究基础，最终确定政府创新创业营商环境服务水平评价指标体系的一级指标有3个，分别是服务供给、政策供给以及资源投入（见表5）。

表5 政府创新创业营商环境服务水平评价指标体系

一级指标	二级指标	三级指标
服务供给	服务流程	当地政府的服务流程很科学
		当地政府的服务流程很规范
		当地政府的服务流程很明晰
	服务效率	当地政府的服务很方便企业
		当地政府对待企业很主动
		当地政府对待企业很公平
	服务态度	当地政府的服务态度具有亲和力
		当地政府与企业之间的沟通是平等的
		当地政府对企业咨询业务应答很明确

续表

一级指标	二级指标	三级指标
服务供给	服务效果	企业能够及时地获取政府公布的信息
		企业能够很容易地得到政府反馈
		政府应对解决企业的投诉很积极
政策供给	政策制定	当地政府在制定政策前进行了充分的调研
		当地政府制定政策很及时
		当地政府制定政策很透明
	政策执行	当地政府对所制定的政策执行很到位
		当地政府对所制定的政策执行很稳定
		当地政府对所制定的政策兑现很及时
	减负政策	当地政府制定的减负政策很合理
		当地政府制定的减负政策具有突破性
		当地政府制定的减负政策效果很明显
资源投入	人力资源	当地政府重视对公务人员队伍素质的培养
		当地政府重视对企业人才引进方面的政策扶持
		当地政府重视对行业协会相关部门人才的扶持
	财政资源	当地政府重视对一般公共服务的投入
		当地政府重视对创新创业营商环境建设专项的支出
		当地政府为改善创新创业营商环境设有专项财政支出
	资产资源	当地政府投入专项建设政务服务大厅
		当地政府投入专项建设电子政务平台

企业被访者可以根据自己的认知，对每个三级指标描述的问题，从"5"到"1"进行评分。从"5"到"1"分别表示"非常认同""认同""不确定""不认同""非常不认同"。在具体使用的过程中，还需采集企业的基本信息，如企业类型、成立时间、所属行业、企业规模、就业人数等。

三 结论、建议与讨论

本文选取服务供给、政策供给及资源投入作为指标体系的一级指标，基于市场主体主观感知与评价的研究视角，构建了一个包含3个一级指标、10个二级指标、29个三级指标的政府创新创业营商环境服务水平评价指标体系。

该指标体系的构建目的,是为进一步优化政府创新创业营商环境、明晰政府服务方向以及完善创新创业营商环境评价指标体系,提供政策建议与决策依据。该指标体系的建立,为政府提供了获取企业感知与评价的渠道,有助于政府与市场主体之间建立紧密的互动关系;为政府提供了测量自身创新创业营商环境服务水平的工具,有助于政府对其服务水平进行动态监测与调整;还为不同地区政府之间提供了比较创新创业营商环境服务水平的可操作手段,有助于政府间横向的经验交流与借鉴。

虽然政府部门不会直接参与创新创业活动,但对参与创新创业的市场主体顺利开展活动起着重要作用。因此,政府应该积极主动靠前服务,帮助企业解难纾困,不断优化创新创业营商环境,增强为各类市场主体服务的意识,与企业之间形成良性互动的密切关系,进而促进产学研一体化平台构建,实现创新主体协同,加速创新要素集聚,进一步优化区域创新要素配置,从而提高区域创新效率。比如,政府各相关部门要努力促进市场主体对创新创业营商环境服务水平的感知与评价,要从服务供给、政策供给以及资源投入等方面下功夫,尽量避免依靠制造税收洼地、土地优惠吸引投资的模式;要注重倾听来自市场主体的感知与评价,建立常规性的、有效的信息沟通渠道。着力构建新型的政商关系,有力推动产业、创新、资金、人才以及政策相互融合,为企业发展提供有利条件,为创新创业企业成长建立加速机制,营造鼓励创新创业的社会氛围。

本文构建的指标体系侧重于市场主体主观的感知与评价,处于理论探索阶段,还需进一步结合企业实际采集数据对指标体系进行检验。后续研究将采集不同地区市场主体对其政府创新创业营商环境服务水平的评价结果,对指标体系进行修正和完善,以使本文构建的指标体系具有更强的普适性和可操作性。

参考文献

[1] 许和连,王海成. 简政放权改革会改善企业出口绩效吗?——基于出口退(免)税审批权下放的准自然试验[J]. 经济研究,2018,53(3):

157−170.

[2] 宋平平. 我国营商环境的研究进展与展望——基于CNKI的文献计量和知识图谱分析[J]. 价格理论与实践, 2024 (01): 209−212.

[3] 夏后学, 谭清美, 白俊红. 营商环境、企业寻租与市场创新——来自中国企业营商环境调查的经验证据[J]. 经济研究, 2019, 54 (04): 84−98.

[4] 湛军, 刘英. 数字化转型、动态能力与制造业服务化——基于营商环境的调节效应[J]. 经济与管理, 2024, 38 (03): 36−44.

[5] 张兆国, 徐雅琴, 成娟. 营商环境、创新活跃度与企业高质量发展[J]. 中国软科学, 2024 (01): 130−138.

[6] 田时中, 金海音, 涂欣培. 基于熵值法的政府公共服务水平动态综合评价——来自全国2004−2014年的面板证据[J]. 石家庄学院学报, 2017, 19 (2): 11−19.

[7] 郭燕芬, 柏维春. 营商环境建设中的政府责任: 历史逻辑、理论逻辑与实践逻辑[J]. 重庆社会科学, 2019 (2): 6−16.

[8] 彭向刚, 马冉. 政务营商环境优化及其评价指标体系构建[J]. 学术研究, 2018 (11): 55−61.

[9] 任恒. 优化营商环境的政府责任探讨: 现实价值与推进路径[J]. 北京工业大学学报 (社会科学版), 2020, 20 (4): 49−57.

[10] 王欣亮, 王宇欣, 刘飞. 营商环境优化与区域创新效率——兼论经济一体化的联合空间效应[J]. 科技进步与对策, 2022, 39 (6): 40−50.

[11] 杜运周, 刘秋辰, 程建青. 什么样的营商环境生态产生城市高创业活跃度?——基于制度组态的分析[J]. 管理世界, 2020, 36 (9): 141−155.

[12] 霍春辉, 张银丹. 水深则鱼悦: 营商环境对企业创新质量的影响研究[J]. 中国科技论坛, 2022 (3): 42−51.

[13] Lim D S K, Chang H O, de Clercq D. Engagement in entrepreneurship in emerging economies: Interactive effects of individual-level factors and institutional conditions [J]. *International Business Review*, 2016 (25): 933−945.

[14] 陆生宏, 井胜, 孙友晋. 协同研究政务服务 助力优化营商环境[J]. 中国行政管理, 2021 (8): 146−148.

[15] 陈水生. 国家治理现代化视角下的"放管服"改革: 动力机制、运作逻辑与未来展望[J]. 政治学研究, 2020 (4): 72−81+127.

[16] 廖福崇. 政务能力如何提升营商环境质量?——来自中国私营企业调查的证据[J]. 宏观质量研究, 2022, 10 (2): 113−128.

[17] 谢来位. 优化营商环境畅通双循环的地方政府作为 [J]. 探索, 2021 (4): 146-161+189.

[18] 杨东涛, 苏中锋, 褚庆鑫. 创业企业创新成长的政商环境影响机理研究 [J]. 科技进步与对策, 2014, 31 (15): 84-88.

[19] 王润良, 陈洁. 江门市营商环境政府服务满意度测评 [J]. 五邑大学学报（社会科学版）, 2017, 19 (2): 60-63+94-95.

[20] 后向东. 论营商环境中政务公开的地位和作用 [J]. 中国行政管理, 2019 (2): 17-22.

[21] 孙萍, 陈诗怡. 基于主成分分析法的营商政务环境评价研究——以辽宁省14市的调查数据为例 [J]. 东北大学学报（社会科学版）, 2019, 21 (1): 51-56.

[22] 娄成武, 张国勇. 基于市场主体主观感知的营商环境评估框架构建——兼评世界银行营商环境评估模式 [J]. 当代经济管理, 2018, 40 (6): 60-68.

[23] 魏淑艳, 孙峰. 东北地区投资营商环境评估与优化对策 [J]. 长白学刊, 2017 (6): 84-92.

[24] 杨雪. 基于公共服务水平提升的政府顾客满意度测量研究 [C] //中国行政管理学会2011年年会暨"加强行政管理研究，推动政府体制改革"研讨会论文集. 中国行政管理学会, 2011: 6.

[25] 何亮, 李军. 行政服务满意度测评研究综述 [J]. 时代金融, 2010 (7): 56-58.

[26] 杨连生, 尹爽. 政府行政服务满意度的多层次模糊评价研究 [J]. 中国行政管理, 2008 (7): 113-115.

Research on the Evaluation of the Service Level of Government Innovation and Entrepreneurship Business Environment

Xu Ming, Bai Chunjing, Bian Zhigang

Abstract: Innovation and entrepreneurship is an important force to drive the high-quality development of regional economy. And the optimization of government business environment is an important focus to optimize the innovation and entrepreneurship environment and improve the innovation and entrepreneurship efficiency. In view of the development and expansion of emerging economies, the continuous deepening of global internationalization and the transformation of China's economic development stage, based on the perspective of market participants' perception and evaluation, this paper constructs an evaluation indicator system for the service level of government innovation and entrepreneurship business environment from three aspects: service supply, policy supply and resource investment, which can promote the government to clarify the service direction of innovation and entrepreneurship market participants, establish a close interactive relationship with the main participants of the innovation and entrepreneurship market; can help the government to dynamically monitor and adjust its innovation and entrepreneurship service level, accelerate the establishment and improvement of the innovation and entrepreneurship business environment evaluation mechanism, and promote the sustainable and healthy development of regional innovation and entrepreneurship.

Keywords: Business Environment; Innovation and Entrepreneurship; Government Service Level; Evaluation Indicator System

图书在版编目(CIP)数据

创新与创业教育研究 . 2024 年：第 1 期 / 张金山主编 . -- 北京：社会科学文献出版社，2024.6. -- ISBN 978-7-5228-3706-2

Ⅰ. G647.38

中国国家版本馆 CIP 数据核字第 2024TJ5999 号

创新与创业教育研究　2024 年第 1 期

主　　编 / 张金山

出 版 人 / 冀祥德
组稿编辑 / 恽　薇
责任编辑 / 田　康
责任印制 / 王京美

出　　版 / 社会科学文献出版社·经济与管理分社（010）59367226
　　　　　 地址：北京市北三环中路甲 29 号院华龙大厦　邮编：100029
　　　　　 网址：www.ssap.com.cn

发　　行 / 社会科学文献出版社（010）59367028
印　　装 / 三河市龙林印务有限公司

规　　格 / 开　本：787mm×1092mm　1/16
　　　　　 印　张：9.5　字　数：154 千字

版　　次 / 2024 年 6 月第 1 版　2024 年 6 月第 1 次印刷
书　　号 / ISBN 978-7-5228-3706-2
定　　价 / 89.00 元

读者服务电话：4008918866

版权所有 翻印必究